Kleine Piraten auf großer Fahrt

von Petra Brandt und Ute Hatlappa-Eichstädt

Petra Brandt *ist Erzieherin und Diplompädagogin und unterrichtet an der Fachschule für Sozialpädagogik in Mölln. Darüber hinaus ist sie Autorin zahlreicher Fachbücher und -artikel.*

Ute Hatlappa-Eichstädt *ist Sozialpädagogin/ Sonderpädagogin und lebt in Groß-Grönau.*

Liebe Pädagoginnen und Pädagogen,

haben Sie sich als Kind auch gerne als Pirat verkleidet und sind voller Abenteuerlust auf große Fahrt gegangen? Oder durften Sie als Mädchen kein Seeräuber sein und waren deswegen sauer? Auch dann werden Sie sich an Ihr damaliges Bedürfnis erinnern, Spannung und Abenteuer zu erleben. Und vielleicht spüren Sie diesen Wunsch sogar heute noch.

Im modernen Alltag wird es allerdings immer schwieriger, echte Abenteuer zu erleben. Deswegen suchen vor allem Kinder verstärkt nach Helden, die stellvertretend für sie die Welt erobern. Sie identifizieren sich mit Fernsehidolen und lassen sich von Nintendo-Kämpfern beeindrucken. Dabei geraten sie leicht an Vorbilder, die Gewalt verherrlichen, Minderheiten diskriminieren und sich frauenfeindlich verhalten.

Nutzen Sie deshalb in Ihrer Einrichtung die Chance, den Erlebnishunger der Mädchen und Jungen zu befriedigen. Wir wollen Sie zusätzlich mit diesem PeP-Band »Piraten« ermutigen und unterstützen. Besteigen Sie also mit den Kindern das Piratenboot und segeln Sie spannenden Abenteuern entgegen. Sie werden mit Sicherheit viele aufregende Stunden erleben. Das wünscht Ihnen jedenfalls

Ihre Petra Brandt

Inhalt

Projektrahmen

Aktionen

Service

Das abenteuerliche Piratenleben

Der Mythos vom verwegenen Helden

Die Geschichten von den muskulösen Kerlen voller Narben und mit riesigen Ohrringen, die mit ihren Piratenschiffen das Meer unsicher machten und auf einsamen Inseln ihre Schätze vergruben, begeistern seit jeher Jung und Alt. Woher stammen diese Bilder von den gefährlichen, aber auch romantischen und abenteuerlustigen Seeräubern? Und vor allem: Waren sie wirklich so?

Foto: Jutta Weser

Die Abenteuer der Weltmeere faszinieren alle Kinder

Die Vorbilder für die verwegenen Haudegen stammen aus den Seeräuberballaden des 16. und 17. Jahrhunderts. Berühmt und berüchtigt geworden sind die allen Gefahren trotzenden Außenseiter der Gesellschaft durch das berühmte Buch »Eine Geschichte der Seeräuberei und Mordtaten der berühmtesten Piraten« von Daniel Defoe, dem Verfasser von Robinson Crusoe. Seine Schilderungen inspirierten viele andere Autoren.

Tatsächlich hatten alle Seeräuber oder Piraten nur eines gemeinsam: Ihre Verwegenheit, die Abenteuerlust und den gefährlichen Beruf. Ansonsten entsprachen (und entsprechen) sie jedoch selten dem Ideal eines edlen, tapferen Helden. Es gab vielmehr heruntergekommene wie reiche Piraten, plumpe Rohlinge und elegante Weltmänner, einfache Kapitäne einer armseligen Schaluppe und stolze Kommandanten riesiger Schlachtschiffe. Und längst nicht alle blieben ihr ganzes Leben dem Piratenberuf treu. Jeder Dritte kehrte der See den Rücken und verbrachte den Rest seines Lebens als wohlhabender Bürger. Manche übernahmen sogar hohe militärische Posten. Piraten endeten nicht unbedingt am Galgen, sondern starben häufig sogar friedlich in ihren Betten. Lediglich ein Drittel fiel im Kampf oder wurde gewaltsam umgebracht, nur jeder Zehnte wurde hingerichtet.

Piraten gab es schon in der Antike

Seeräuberei gibt es seit drei Jahrtausenden. Die Seeräuber waren zunächst vor allem auch eine militärische Macht. Das Römische Reich musste in der Antike seinen besten Feldherrn Gnaeus Pompeius mit 500 Schiffen und 120 000 Soldaten ausschicken, um dem Piratenunwesen im Mittelmeer ein Ende zu bereiten. Im Mittelalter setzten die Wikinger in den Fjorden Skandinaviens ihre Segel, um an den Küsten Englands reiche Beute zu machen. Später dehnten sie ihre Raubzüge bis ins Mittelmeer aus. Aber auch vor den Küsten Afrikas, Asiens und Amerikas raubten Piraten bis ins späte Mittelalter Handelsschiffe aus, von denen sie sich eine reiche Beute versprachen. Sie nahmen die Besatzung gefangen, um sie als Sklaven zu verkaufen oder um ein Lösegeld zu fordern.

Die Abenteuer eines Francis Drake, der so viel Gold und Edelsteine besaß, dass er kein Silber mehr raubte, eines »Schwarzbarts«, der sich brennende Lumpen auf die Haut legte, um immer von einer Rauchwolke umgeben zu sein, eines Klaus Störtebeker oder Gödeke Michelsen wurden in zahlreichen Erzählungen immer wieder beschrieben. Die Geschichte der Piraterie ist aber keineswegs eine reine Männerdomäne. Es gab auch berühmte und berüchtigte Piratinnen wie Anne Bonny und Mary Read. In Männerkleidung befuhren sie wie ihre männlichen Kollegen alle Weltmeere.

Freibeuter waren keine Verbrecher

Das Wort Pirat leitet sich vom griechischen »peiran« ab, was so viel wie anpacken oder angreifen bedeutet. Im Lateinischen bedeutet pirata »Abenteurer«. Die Begriffe Freibeuter und Korsar wurden oft synonym (sinngleich) verwendet. Freibeuter (vom Holländischen »vrijbuiter«) waren jedoch Piraten, die zwischen dem 14. und 18. Jahrhundert im Auftrag einer Regierung feindliche Schiffe überfielen. Sie besaßen Kaper- oder Freibriefe, in denen stand, welche Schiffe sie ausrauben durften. Sie wurden nicht bezahlt, durften aber einen Anteil an der Beute behalten.
Auch ein »Korsar« (span. corso: Überfall) besaß wie der Freibeuter einen Kaperbrief.
Die Abgrenzung zwischen Piraten und Seefahrern war zu allen Zeiten fließend. Kaufleute, die beraubt worden waren, durften sich die Ladung mit Gewalt wieder beschaffen. Dazu war eigentlich ein Freibrief erforderlich, der Gebühren kostete. Da die Opfer nicht auf die langwierige Genehmigung warten wollten, zogen sie auf eigene Faust los und plünderten gelegentlich auch kurzerhand völlig Unbeteiligte. Manche Freibeuter scherten sich auch nicht darum, ob Kaperbriefe nach Kriegsende noch gültig waren. Sie betrieben ihr einträgliches Handwerk einfach weiter und wurden so zu gesetzlosen Piraten.

Zum Weiterlesen

Wolfram zu Mondfeld: Das große Piratenbuch, München 1976.
Christa Holtei/Kerstin Meyer: Mit Piraten auf großer Fahrt. Ein abenteuerliches Spiel- und Sachbuch, Luzern 1998.

Das harte Leben auf See

Das Leben der Piraten war nicht so beneidenswert, wie es häufig in Büchern oder Filmen dargestellt wird. Die Arbeit an Bord war hart, der Alltag entbehrungsreich. Es herrschte strenger Gehorsam gegenüber den Anführern; wer sich widersetzte oder gar meuterte, konnte enthauptet oder erschossen werden. Der Kapitän hatte die Verantwortung und die oberste Befehlsgewalt über das Schiff. Für die Ordnung an Bord sorgte der nach dem Kapitän mächtigste Mann, der erste Offizier oder Quartiermeister.
Den ersten Piraten standen weder Navigationsinstrumente noch Seekarten zur Verfügung. In Küstennähe orientierten sie sich an markanten Landschaftspunkten, auf hoher See an den Sternen. Die Nahrungsvorräte verdarben auf längeren Fahrten und waren voller Ungeziefer. Auf den Schiffen wurde deshalb oft im Dunkeln gegessen, damit die Mannschaft nicht sah, wie ungenießbar das Essen war. Meist wurde es noch stark gewürzt, um den schlechten Geschmack zu überdecken. Auch das Trinkwasser faulte mit der Zeit in den Fässern und wurde regelmäßig knapp. Aber die Aussicht auf reiche Beute ließ die Piraten alle Unannehmlichkeiten ertragen. Schließlich konnten sie mit etwas Glück an einem einzigen Tag zehnmal mehr verdienen als ein hoher Staatsbeamter in einem Jahr.

Abenteuer müssen sein

Die Welt erobern

Abenteuerromane und spannende Filme verleiten zum Träumen und regen die Fantasie an. Sie befriedigen das Bedürfnis, dem geregelten Alltag zu entfliehen und aufregende Abenteuer zu erleben.

Aber was sind Abenteuer? Darauf gibt es wahrscheinlich so viele Antworten, wie es Menschen gibt, da jeder ein und das gleiche Erlebnis anders beurteilt. Was der eine als Grenzerfahrung und Krise erlebt, ist für den anderen ein harmloses Ereignis.

Für Rüdiger Gilsdorf und Günter Kistner (Seelze 1995) sind Risiko und Wagnis eng mit dem Begriff Abenteuer verbunden: »Abenteuer bedeutet immer, einen Schritt in bislang unbekanntes Territorium zu wagen. Unbekannte Territorien wollen wir eher als eine psychologische denn eine geographische Größe verstehen. So verstanden bedeutet Risiko, in der Auseinandersetzung mit Neuem und Unbekanntem einen Schritt über die bislang vertrauten Wahrnehmungs-, Denk- und Verhaltensmuster hinauszugehen.«

Kinder brauchen deshalb Abenteuer, da mit ihnen wichtige Reifungsprozesse für die Persönlichkeit verbunden sind. In der Auseinandersetzung mit neuen und aufregenden Situationen sind vielfältige Fähigkeiten, wie Geschick, Sorgfalt und exaktes Handeln gefordert. Werden die Herausforderungen erfolgreich bewältigt, sind die Kinder mit Recht stolz. Sie haben eine positive Erfahrung gemacht, die sie verändert und wachsen lässt. Das führt häufig auch zu Grenzüberschreitung. Solche Regelverstöße können aber auch ein Zeichen sein, dass Kinder reif für neue Anforderungen sind.

Wenn wir Abenteuer als Schritte in bislang unbekannte Territorien verstehen, erleben Kinder in ihrer Entwicklung ständig neue Abenteuer. Die Herausforderungen, denen Kinder sich beispielsweise beim Eintritt in den Kindergarten oder beim Wechsel in die Schule stellen müssen, sind durchaus mit Aufregung und Stress verbunden. Action-Szenen, die selbst kleine Kinder am Fernseher oder Computer sehen, haben mit realer Erlebnisbewältigung dagegen nichts zu tun. Ihre Auswirkungen auf die Persönlichkeitsentwicklung sind sogar eher negativ, da kein Kind an Erlebnissen aus zweiter Hand wachsen kann.

Wild sein und sich nicht einzwängen lassen, das sind zum Glück zunehmend auch Bedürfnisse von Mädchen. Leider fehlt den Kindern heute häufig der heimliche Raum und die Unabhängigkeit von der Welt der Erwachsenen und der Medien. Die wilden Spielräume von einst sind gezähmt und von Erwachsenen auf Spielbiotope reduziert, die nicht zum Verweilen und Entdecken einladen. Bernd Heckmair und Werner Michl (Berlin 1994) bemängeln: »Damit geht ein Erlebnis- und Freiheitsraum der späten Kindheit verloren, in dem die Welt ohne Hilfestellung der Erwachsenen beziehungsweise ohne pädagogische Bemühungen buchstäblich erobert werden konnte.«

Brauchen Kinder eine Erlebnispädagogik?

Wenn Kinder die für ihre Entwicklung bedeutsamen Abenteuer und Herausforderungen oft nur noch aus zweiter Hand machen können, bedarf es dann auch einer Erlebnispädagogik wie bei Jugendlichen? Wohl kaum. Für Kinder bedeutet Abenteuer etwas anderes als für Jugendliche oder Erwachsene. Ein dreijähriges Kind erlebt schon ein Abenteuer, wenn es das erste Mal alleine vom Elternhaus zum benachbarten Freund gehen darf und unterwegs den großen Bernhardiner trifft. Ein sechsjähriges Kind hingegen erlebt es als Abenteuer, wenn es mit dem Vater zum Holzhacken in den Wald geht. Welche Erlebnisse als prickelnde Abenteuer empfunden werden, ist individuell verschieden und in erheblichem Maße auch von der persönlichen Lebensumwelt und den bisherigen Sozialisationserfahrungen abhängig. Sie als Pädagogin können jedoch versuchen, einen Erlebnismangel auszugleichen, indem Sie einen Rahmen schaffen, in dem Kinder ihrem Alter und ihren Bedürfnissen entsprechende Abenteuer finden können. Machen Sie sich bewusst, wo es Abenteuer im Kindergartenalltag gibt. Sie werden viele aufregende Erlebnismöglichkeiten entdecken, ohne dass Sie Ihre Einrichtung umkrempeln müssen. Interessant für Kinder sind etwa Anpflanzungen mit Büschen und Sträuchern, die höhlenartige Gänge zum Verstecken bilden.

Wichtig sind erlebnisorientierte Aktionen

Erlebnisorientierte Aktionen bilden für Kinder einen geschützten Rahmen, ihre Fähigkeiten zu erproben. Lösungswege sind risikolos, sie sind nicht sanktioniert und vor allem korrigierbar. Das Spiel eröffnet die Möglichkeit, eine missglückte Lösung noch einmal zu versuchen. Beim gemeinsamen Bau einer Feuerstelle richten sich Herausforderungen zudem an die Gruppe, nicht an das einzelne Kind. So kann es keine Sieger und Verlierer geben. Daneben bilden erlebnisorientierte Aktionen den Rahmen für die Anbahnung stabiler Beziehungen. Kinder sind auf der Suche nach Anerkennung, Sicherheit und Zugehörigkeit. Diese Bedürfnisse können in einer Gruppe bestens befriedigt werden, in der jedes Kind sich selbst und seine Wirkung auf andere erfahren kann. Im gemeinschaftlichen experimentellen Tun bekommen und geben sie Anerkennung und Bestätigung. Sie können ihre Kräfte messen, lernen sich gegenseitig zu helfen und spüren so die Notwendigkeit zur Kooperation. Bleiben erlebnisorientierte Aktionen keine Einzelaktionen, tragen sie zur Festigung des Beziehungsgefüges bei. Abenteuer unterstützen das Kind bei der Bewältigung seiner Entwicklungsaufgaben und dem Aufbau einer stabilen Persönlichkeit. Sie lassen das Kind eigene Stärken und Schwächen erkennen, helfen ihm, sich selbst zu akzeptieren und ein positives Selbstkonzept aufzubauen. Kinder erfahren so den Wert von Gemeinschaft, da schwierige Situationen nur durch den gemeinsamen Einsatz individueller, sozialer und handwerklicher Fähigkeiten gemeistert werden können. Sie merken, dass es individuelle und gemeinsame Bedürfnisse gibt, die abgewogen werden müssen. Sie erleben sich in kooperativen Handlungen, lernen Entscheidungen zu treffen, üben sich in unterschiedlichen Rollen und Konfliktsituationen. Diese Abenteuer in lebensweltbezogenen Situationen sind vernetzte Anforderungen. Sie beziehen Körper, Geist und Seele eines Kindes ein und ermöglichen damit ganzheitliches Lernen.

Foto: Jutta Weser

Gemeinsame Erlebnisse stärken den Zusammenhalt und das Selbstbild

Zum Weiterlesen

Petra Brandt: Erlebnispädagogik – Abenteuer für Kinder, Theorie und Projektideen, Freiburg 1998.
Rüdiger Gilsdorf / Günter Kistner: Kooperative Abenteuerspiele, Seelze 1995.
Bernd Heckmair / Werner Michl: Einstieg in die Erlebnispädagogik, Berlin 1994.

Protokolle in der Kita

Schutz und Kontrollmöglichkeit

Während Ihrer Arbeit führen Sie auf Elternabenden, Dienstbesprechungen und bei zahlreichen anderen Gelegenheiten viele Gespräche mit Eltern, Kolleginnen und Vorgesetzten. Manche sind zwanglos und informell. In anderen treffen Sie Abmachungen, legen zum Beispiel Themen, Aufgabenverteilung und den Ablauf des nächsten Projekts oder Elternabends fest.

Es ist wichtig, Abmachungen und Gesprächsergebnisse festzuhalten und zu dokumentieren, weil es immer wieder Momente gibt, in denen Sie oder Ihre Kolleginnen sich noch einmal darüber vergewissern möchten oder müssen. Zudem sind Erziehungseinrichtungen offizielle Institutionen, in denen es zum professionellen Arbeiten gehört, die Gepflogenheiten und Formen einer Verwaltung einzuhalten. Das dient auch Ihrem Schutz und Ihrer Entlastung.

Jede Veranstaltung, auf der Sie Eltern informieren und etwas mit ihnen besprechen, sollten Sie deshalb protokollieren. Einzelgespräche, die Sie mit Eltern über ihre Kinder führen, sollten Sie dagegen in einer Gesprächsnotiz festhalten. Auch im Innenbereich sollten Dienstbesprechungen protokolliert werden.

Reihenfolge festlegen

Kaum jemand schreibt gerne Protokolle. Legen Sie deshalb in Ihrer Einrichtung eine Reihenfolge etwa nach dem Alphabet für die Übernahme dieser Aufgabe fest. Auf Elternabenden können Sie natürlich nicht eine solche Protokollliste führen. Gibt es Elternvertreter, übernehmen diese jedoch oftmals das Protokoll.

Schreiben Eltern das Protokoll, haben Sie darauf natürlich keinen Einfluss. Normalerweise ist es in solchen Fällen auch nicht entscheidend, ob dabei alle Formalien beachtet werden. Sind jedoch wichtige und schwierige Diskussionen oder Entscheidungen zu erwarten, sollten diese in einem exakten, sachlichen Protokoll festgehalten werden. Bieten Sie deshalb an, in solchen Situationen das Protokoll selbst zu übernehmen.

Was wird protokolliert?

Protokolle sollten informativ und daher möglichst klar formuliert und auf das Wesentliche beschränkt sein. Grundsätzlich wird nur notiert, was auch tatsächlich besprochen wurde. Die persönliche Meinung, etwa dass Sie die Anschaffung des neuen Kletterbaumes nicht gut finden, gehört daher nicht in das Protokoll. Sie dürfen beispielsweise nicht hinzufügen, was Sie den Eltern erzählen wollten, am Elternabend aber vergessen haben, und auch nichts weglassen, weil Sie diesen Punkt nicht für so bedeutend oder zu problematisch halten. Ihre persönlichen Gedanken dazu schreiben Sie ebenfalls nicht ins Protokoll. Protokolle sollen knapp sein, deshalb reichen bei umfangreichen Tagesordnungen Stichworte. Diese sollten allerdings dann sehr genau sein. Werden Aussagen zitiert, sollten sie korrekt wiedergegeben werden.

In einem Protokoll werden Vorgänge (Sitzungsprotokoll), Ergebnisse (Ergebnisprotokoll) oder Verhandlungen (Verhandlungsprotokoll) dokumentiert. Die Schlüsselfragen Wann?, Wo?, Wer? und Was? helfen Ihnen bei der Anfertigung eines Protokolls.

Auch die Form ist wichtig!

Mit jedem Schriftstück, das Ihre Einrichtung verlässt, stellen Sie sich und Ihre Kindertagesstätte dar. Verfassen Sie Protokolle deshalb mit Schreibmaschine oder Computer. Achten Sie auch auf die Rechtschreibung, da ein Schreiben voller Fehler kein gutes Licht auf Ihre Einrichtung wirft.

So sieht ein Protokoll aus

1. Schreiben Sie oben links untereinander die Angaben über den Anlass, das Datum, den Ort und die Anwesenden auf (Was? Wann? Wo? Wer?).
2. Zählen Sie die Tagesordnungspunkte auf.
3. Schreiben Sie darunter Beginn und Ende der Veranstaltung.
4. Fassen Sie zu jedem Tagesordnungspunkt die wichtigsten Aussagen und Ergebnisse sachlich und ohne persönliche Wertung zusammen. Schreiben Sie in der Vergangenheit.
5. Notieren Sie unten Ort und Datum und unterzeichnen Sie das Protokoll.

Wichtiges sollte hervorgehoben werden, damit es beim Überfliegen ins Auge fällt. Wenn Sie Absätze machen, lässt sich das Protokoll besser lesen. Ein Beispiel:

Protokoll vom Elternabend 26. 11. 1999
Augustus-Kindergarten, Lübeck

Ort: Augustus-Kindergarten, Lübeck
Anwesend: siehe beigefügte Anwesenheitsliste.

Tagesordnung:
1. Eröffnung und Begrüßung.
2. Bericht und Austausch: Projekt Freundschaft.
3. Planung eines Tagesausfluges im März.
4. Verschiedenes.
Beginn 19.30 Uhr / Ende 21.00 Uhr

Zu TOP 1:
Frau Meier, die Kita-Leiterin, begrüßte die anwesenden Eltern und Erzieherinnen und eröffnete den Elternabend.

Zu TOP 2:
Frau Heinz berichtete über das beendete Projekt Freundschaft. Die Kinder haben die Aktionen und Spiele gut angenommen.
Auch einige anfangs zurückhaltende Kinder konnten dazu bewegt werden, sich aktiv einzubringen. Die Spielgruppen haben sich erweitert. Einige Kinder gehen jetzt mutiger auf andere zu. In der anschließenden Diskussion bestätigten die Eltern im wesentlichen diese Einschätzung.

Zu TOP 3:
Nach ausführlicher Diskussion einigten sich Eltern und Erzieherinnen auf den Besuch des Ringstedtenhofes in Lübeck. Gruppe blau und grün werden am 15.3.2000 fahren, Gruppe gelb und rot am 18.3.2000. Frau Meier, Frau Müller und Frau Schulz werden die Kinder und Erzieherinnen am ersten Tag begleiten, Frau Schmid, Frau Heinz und Frau Fischer am zweiten Tag. Die genauen Zeiten werden noch bekanntgegeben.

Zu TOP 4:
- Herr Mustermann berichtet vom letzten Elternstammtisch und lädt neue Eltern herzlich dazu ein. Ein Termin steht noch nicht fest.
- Die Fahrgemeinschaften für den Besuch des Weihnachtsmärchens am 15.12.1999 werden abgesprochen.
- Frau Meier wird sie am schwarzen Brett in der Eingangshalle aushängen.

Protokoll: Eva Muster, 28.11.1999

Zwanglose Gespräche am Elternstammtisch

Spannungsfeld Kindergarten

Kommt ein Kind in den Kindergarten, entsteht ein erzieherisches Spannungsfeld, in dem die beiden Sozialisationsinstanzen Familie und Kindergarten aufeinander treffen. Wenn der Kindergarten als familienergänzende Erziehung betrachtet wird, wird von ihm etwas erwartet, das die Familie nicht bieten kann. Die Erziehungstätigkeit der Eltern erhält eine neue Perspektive, der Kindergarten wird zu einem bedeutsamen und pädagogisch zu berücksichtigendem Faktor. Diese Ausgangssituation bestimmt das Verhältnis zwischen Pädagoginnen und Eltern.

In der Schule ist das ähnlich. Allerdings hat die Verbindung, die Eltern zum Kindergarten haben, wegen des Alters der Kinder eine besondere Bedeutung. Das macht das Verhältnis von Erzieherinnen zu Eltern schwierig und anfällig. Hinzu kommt, dass die Qualität dieses Verhältnisses für das einzelne Kind von großer Bedeutung ist. Positive Entwicklungsprozesse können sich immer dann am besten entfalten, wenn zwischen den am Erziehungsprozess beteiligten Institutionen ein spannungsfreies Verhältnis besteht.

Eltern und Pädagoginnen stehen in einer Art Zwangsverhältnis. Von Ihrem Selbstverständnis als Pädagogin, Ihrer Einstellung zur Elternarbeit hängt es ab, ob dieses Verhältnis distanziert oder herzlich ist. Überprüfen Sie deshalb Ihre Einstellung: Aus welchem Grund machen Sie Elternarbeit? Den Kindern zuliebe? Wegen der Eltern? Aufgrund gesellschaftlicher Notwendigkeiten? Weil es vorgeschrieben ist? Oder weil es Ihre Arbeit mit den Kindern erleichtert?

Elternarbeit im Kindergarten wird vor allem durch Gefühle und Einstellungen bestimmt. Die Eltern haben eine starke emotionale Bindung zu ihrem Kind. Erzieherinnen wiederum sind in ihrer gesamten Berufsmotivation stark von Gefühlen getragen. In den seltensten Fällen werden diese offen gezeigt. Sie sind nicht transparent und verschleiern gelegentlich den Blick für die realen Gegebenheiten. Für Kindergärten ist es deshalb eine große (und nicht gerade einfache) Herausforderung, mit Eltern eine gemeinsame positive Erziehungsbasis herzustellen.

Beitrag zur Klimapflege

Neben den Kontakten auf Elternabenden, Festen und Veranstaltungen können Elternstammtische dazu beitragen, das Verhältnis zwischen Pädagoginnen und Eltern zu entspannen. Sie sind eine gute Möglichkeit, Elternarbeit lebendig und aktiv zu gestalten. Lebendige, aktive Elternarbeit aber schafft auf beiden Seiten erst ein neues Verständnis von Zusammenarbeit, das allen Beteiligten hilft, gegenseitige Vorurteile abzubauen. Zum Aufbau eines vertrauensvollen Verhältnisses sind zwanglose Kontakte zwischen Eltern und Erzieherinnen wichtig. Auf Elternversammlungen sind Sie mit der Tagesordnung und dem geregelten Ablauf der Sitzung beschäftigt, auf Festen und bei Aktionen finden eher die Eltern untereinander Gelegenheit zu zwanglosen Gesprächen. Also: Probieren Sie es doch einmal mit einem Elternstammtisch!

Foto: Hartmut Schmidt

Eine aktive Elternarbeit schafft ein vertrauensvolles Verhältnis

Elternstammtische sind ein guter Beitrag zur Klimapflege, bei dem sich im entspannten Rahmen Hemmschwellen auf beiden Seiten abbauen lassen. Wirkt Herr Meier beispielsweise immer kurz angebunden und arrogant, wenn er seinen Sohn abholt, können Sie hier mit ihm in Ruhe reden. Im Gespräch mit Frau Schultz entdecken Sie, dass sie in den gleichen Fitnessclub geht. Umgekehrt wirken auch Sie auf die Eltern viel zugänglicher, wenn Sie nicht von der Hektik des Alltags beansprucht werden.

Stammtische ermöglichen es nicht nur, herzhaft miteinander zu lachen und zu scherzen. Sie können dabei auch intensive, ernsthafte Gespräche führen. Beide Seiten öffnen sich und geben einen Teil ihres Privatlebens preis. Nähe, Sympathie und gegenseitige Akzeptanz können so viel leichter entstehen. Auf diesem Hintergrund gewinnen Sie Eltern zur Mitarbeit, und so lassen sich künftig kritische Gespräche viel leichter führen.

Eltern sollen sich allein treffen

Es ist positiv, wenn Eltern einer Kindergartengruppe sich in festgelegtem Rhythmus oder losen Abständen treffen, um sich auszutauschen. Sie zeigen damit Interesse an ihren Kindern und an der Institution, in der ihre Kinder sich täglich mehrere Stunden aufhalten. So wie Sie sich regelmäßig zu Team- und Dienstbesprechungen ohne Eltern treffen, sollten sich auch die Eltern dabei ohne Pädagoginnen besprechen können. Häufig löst dies jedoch in den Einrichtungen Misstrauen und Ängste aus. Dabei wollen sich die Eltern lediglich untereinander austauschen und kennen lernen. Der Kindergarten ist für sie eine gute Möglichkeit, Kontakte zu Familien in der gleichen Lebenssituation zu knüpfen und sich über den Freundeskreis hinaus mit anderen über ihre Kinder, über Erziehungsfragen sowie größere und kleinere Sorgen zu unterhalten.

Ebenso gut dürfen Eltern aber auch über den Kindergarten selbst reden. Sie als Erzieherin sollten verinnerlichen, dass Elterntreffen in Ihrem Interesse sind. Es sind produktive Formen von Elternarbeit und keine potentielle Angriffe auf Ihre Arbeit. Ein professionelles Verständnis von Elternarbeit gesteht den Eltern das Recht zu, kritische Fragen zu stellen, Anregungen zu geben und selbst Ideen zu entwickeln. Von Ihren Reaktionen darauf hängt es ab, wie offen und konstruktiv sich die Zusammenarbeit gestaltet. Wenn Sie verständnisvoll und gelassen sind, fällt es Ihnen leichter, die Bedürfnisse, Wünsche und Sorgen von Eltern auch hinter undiplomatisch vorgebrachten Anliegen zu erkennen und ernst zu nehmen.

Regen Sie deshalb in Ihrer Einrichtung regelmäßige Elternstammtische an, die auch ohne Sie stattfinden können. Laden Sie zu einem ersten Stammtisch ein, suchen Sie ein nettes Lokal aus und überlassen Sie dann die weitere Planung einem engagierten Elternteil. Lassen Sie sich nicht entmutigen, wenn der Stammtisch im ersten Anlauf nicht die gewünschte Resonanz erfährt. Übernehmen Sie solange die Initiative, wie es nötig ist.

Manchmal ist es auch sinnvoll, Stammtische gruppenübergreifend anzubieten. Überlegen Sie einfach, was für Ihre Einrichtung am besten ist.

Öffentliche Veranstaltungen

Neue Aktionsformen nutzen

Die Konkurrenz zwischen den Tagesstätten wächst, da es inzwischen genügend Kindergartenplätze gibt und die Eltern zwischen mehreren Angeboten wählen können. Nicht nur die Eltern, auch die Träger erwarten, dass die Einrichtungen ein klares Profil entwickeln und ihre Arbeit möglichst umfassend in der Öffentlichkeit präsentieren.

Dies mag eine zusätzliche Belastung sein, doch sie lohnt sich. In den meisten Einrichtungen wird eine hervorragende Arbeit geleistet, die es wert ist, in der Öffentlichkeit dargestellt zu werden. Pädagoginnen sollten deshalb endlich aufhören, ihr Licht unter den Scheffel zu stellen und zeigen, dass sie bildungspolitisch wertvolle Arbeit leisten.

Eine Möglichkeit öffentlichkeitswirksamer Aktion wäre beispielsweise, einen halben oder ganzen Tag lang eine Projektarbeit in einer Bank, in einem Kaufhaus oder in einer Firma mit großem Publikumsverkehr vorzustellen.

Ein solches Anliegen ist für die Unternehmen nicht ungewöhnlich oder gar absurd. Ob das nun ein Straßentheaterprojekt ist, ein Maskenumzug durch die Stadt oder eine musikalische Darbietung: Die Marketingstrategen in den Banken, Kaufhäusern und Firmen sind an Aktionen interessiert, die auffallen und das Interesse ihrer Kunden wecken. Zudem suchen sie zur eigenen Imagepflege Kontakt zu den wichtigen sozialen Einrichtungen der Gemeinde. Wenn Sie Ihre Projektarbeit in einer Bank oder einem Einkaufszentrum vorstellen, handelt es sich also durchaus um ein Geschäft auf Gegenseitigkeit.

Vorarbeiten im Team

Bevor Sie ein Unternehmen ansprechen, sollten Sie im Team Argumente sammeln, welche Vorteile es davon hat, wenn Sie sich dort präsentieren. Die Verantwortlichen wird es vor allem interessieren, ob Ihr Vorhaben zum Image passt. Generell sollten Sie gemeinsame Anliegen, wie das Engagement für den Stadtteil, Verkehrsberuhigung, gegenseitige Unterstützung und Sympathiewerbung ansprechen. Sie können darauf hinweisen, dass es nach außen positiv wirkt, eine innovative Einrichtung, die sich insbesondere um die Integration bemüht, zu unterstützen.

Entwickeln Sie im Team eine kurze Darstellung Ihres Konzeptes, die auch auf den generellen Sinn von Projektarbeit hinweist. Gestalten Sie dieses Anschreiben optisch ansprechend mit Hochglanzfotos und Kinderzeichnungen aus dem Kita-Alltag. Schicken Sie Ihre Idee am besten als Strategiepapier dem Ansprechpartner in dem Unternehmen vorab zu. Erklären Sie, wer Sie sind, was Sie tun, was Sie wollen, warum Sie gerade dieses Unternehmen ausgesucht haben und was Sie zu bieten haben.

Erste Kontakte

Knüpfen Sie nach dem Versand Ihrer Unterlagen zuerst telefonische Kontakte. Sprechen Sie Ihren Gesprächspartner auf das Anschreiben an und wecken Sie seine Neugier, ohne bereits alles zu verraten. Vereinbaren Sie einen Gesprächstermin, der nicht länger als 45 Minuten sein sollte. Sie sollten diese Zeit auch dann nicht überschreiten, wenn das Gespräch gut verläuft: Ihre Gesprächspartnerin hat noch anderes zu tun, und man wird Sie eher wieder einladen, wenn Sie ihre Zeit nicht zu lange in Anspruch nehmen.

Die Gesprächsvorbereitung

Üben Sie im Rollenspiel das Gesprächsverhalten. Jede Kollegin sollte dabei einmal das Projekt vorstellen. Protokollieren Sie das Gespräch oder zeichnen Sie es mit Video auf, damit Sie herausfinden, wer souverän, ansprechend und rhetorisch versiert auftritt.

Besprechen Sie offen die Stärken und Schwächen der Teilnehmer und versetzen Sie sich dabei auch in die Rolle des zu erwartenden Gesprächspartners.
Arbeiten Sie im Team eine Argumentationsstrategie aus und bereiten Sie den Verlauf des Kontaktgesprächs vor.

Das Gespräch

Klären Sie alle wichtigen Fragen: In welchem Rahmen eine Zusammenarbeit möglich ist, welche finanziellen Belastungen auf Sie zukommen, wer dafür aufkommt, welche Ziele Sie mit dem Auftritt verbinden und welchen Nutzen Ihr Gesprächspartner hat. Machen Sie klare Angebote wie: Sie gestalten den Vormittag in einem abgegrenzten Bereich, stellen Plakatwände auf, die auch Platz lassen für Informationen und Werbung des Gastgebers, verteilen Handzettel mit Kita-Werbung und einem Hinweis auf die Zusammenarbeit.
Führen Sie während des Gesprächs ein Protokoll, das Sie Ihrer Gesprächspartnerin zusammen mit einem Vertrag über die Vereinbarungen (ein Muster finden Sie im Serviceteil auf S. 56) zuschicken.

Vorbereitungen für den Aktionstag

Gestalten Sie mit Kolleginnen und Kindern bereits einen Tag zuvor den Veranstaltungsort. Beziehen Sie die Kinder in die Planung mit ein, lassen Sie sie weitgehend ihre Dekorationswünsche verwirklichen. Damit die Kinder ihre Scheu verlieren, besuchen und besichtigen Sie mit ihnen am besten vorher die Örtlichkeiten. Sie fühlen sich dann sicherer und geborgen, wenn Sie wissen, wo sie auftreten, und die Mitarbeiterinnen der Bank oder des Kaufhauses schon einmal gesehen haben. Da Sie für Ihre Einrichtung werben wollen, legen Sie Informationsbroschüren und Visitenkarten aus. Ein Fernseher mit einer Videovorführung, Ausstellungstische und Plakatwände dokumentieren Ihre pädagogische Arbeit und den Projektverlauf. Eine Mitarbeiterin sollte bereit stehen, um Fragen interessierter Besucher zu beantworten.

Ihr Aktionstag

Gestalten Sie den Tag in der Bank, in der Einkaufspassage oder im Kaufhaus so normal wie möglich. Spielen, singen und basteln Sie also, wie Sie es in der Einrichtung mit den Kindern tun würden. Das hilft nicht nur den Kindern und nimmt Ihnen den Stress. Es vermittelt auch den Besuchern einen unverfälschten Eindruck von Ihrer Arbeit. Lassen Sie, wie sonst in der Kita auch, in erster Linie die Kinder über den Ablauf entscheiden, indem Sie nicht dirigieren, sondern höchstens durch das Materialangebot und die Diskussion Impulse setzen. Und auch diese Abstimmung kann und soll in der Öffentlichkeit stattfinden. Sie wollen schließlich vermitteln: Unsere Kinder sind kreativ und haben etwas zu sagen, und wir nehmen sie dabei ernst.

Projekte wirken gut

Projekte eignen sich hervorragend, um auf die Einrichtung aufmerksam zu machen. Durch die Präsentation in der Öffentlichkeit

- *schaffen Sie Vertrauen: »Die Erzieherinnen sitzen nicht nur auf dem Sandkastenrand, sondern arbeiten wirklich.«*
- *erzeugen Sie Verständnis: »Natürlich wird es laut. Ist doch klar bei einem solchen Vorhaben.«*
- *fördern Sie die Glaubwürdigkeit: »Die reden nicht nur, die tun auch was.«*
- *präsentieren Sie die Qualität Ihrer Arbeit: »Die haben ja ganz schön was geleistet.«*
- *zeigen Sie Profil: »Die nehmen Projektarbeit ernst und machen sie richtig gut.«*
- *tragen Sie zur Imagebildung bei: »Die setzen sich vorbildlich ein und entwickeln gute Ideen.*
- *erschließen Sie neue Kommunikationswege: »Als Gemeinderatsmitglied sollte ich mich stärker für die Einrichtung einsetzen.«*

Projektvorschlag

Betrachten Sie diese Zusammenstellung als ein mögliches Projektbeispiel oder auch nur als Appetithappen für die kommenden Seiten. Dort finden Sie diese und viele weitere Angebote.

Forschen und Entdecken

- Sie müssen keine große Reise machen, um sich in die Piratenzeit zurückzuversetzen. Sie können mit den Kindern auch *mit dem Finger auf Seefahrt* gehen.
- Die *Seefahrt gestern und heute* unterscheidet sich grundlegend. Wer kann von einer Schiffsreise berichten, die er erlebt hat?
- Die Seeleute durften früher keine Feinschmecker sein. Wie *Haferkekse* und *Trockenobst* schmeckten, kann man selbst ausprobieren.

Gestalten

- Piraten haben keine Kleidersorgen. Sie ziehen an, was sie in der *Klamottenkiste* finden.
- Ohne Schiffe gibt es keine Seefahrt: Basteln Sie mit den Kindern kleine *Schiffe für Badewannenkapitäne* und *große Piratenschiffe*.
- Gemeinsam backen macht Spaß. Mit Fantasie und etwas Arbeit entstehen *Mürbeteigpiraten* und *Rührteigschiffe*.

Bewegen und Musizieren

- Selbst rauhbeinige Seebären singen gerne, etwa das lustige Lied von *Higgelty, Piggelty, Pop und Pu*.
- Auf der *Piratenjagd* kommen auch Schwermatrosen richtig in Bewegung.
- Das Leben auf See ist normalerweise anstrengend. Aber wenn kein Lüftchen weht, ist Zeit für eine erholsame *Piratenpause*.

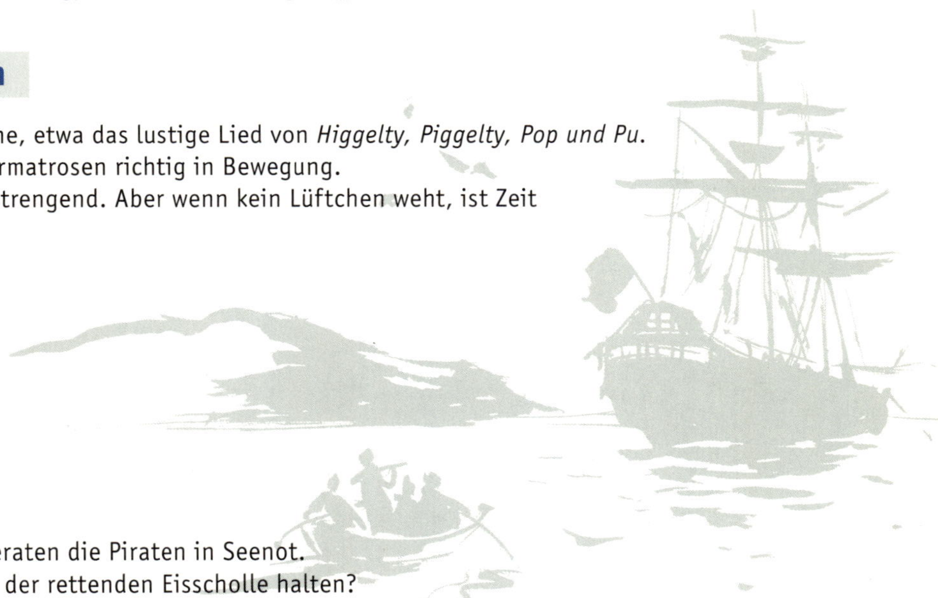

Spielen

- Beim *Schiffbruch im Eismeer* geraten die Piraten in Seenot. Wer kann sich am längsten auf der rettenden Eisscholle halten?
- Seeräuber müssen auf den schwankenden Schiffen gut balancieren und klettern können. In die Mannschaft aufgenommen wird deshalb nur, wer die *Piratenprüfung* besteht.
- Kleine Wettkampfspiele wie *Armdrücken* oder *Mundwinkelziehen* vertreiben die Langeweile an Bord.

Feiern

- *Auf der Suche nach dem Zauberdrachen* erleben die Kinder einige aufregende Abenteuer.
- Von *süßen Kanonenkugeln* gehen keine Bedrohungen aus. Sie können auf dem großen *Piratengelage* einfach verspeist werden.

Ein Ausflug in die Piratenzeit

Verwegene Gestalten

■ Von den Piraten gibt es viele spannende und aufregende Geschichten. Oft weiß man nicht, ob es sich dabei um Seemannsgarn handelt, also um Berichte, die im Lauf der Zeit immer fantasievoller ausgeschmückt wurden. Den Piraten war es recht, dass Schauermärchen erzählt wurden, da sie die Gegner in Angst und Schrecken versetzten.

Einer der reichsten Freibeuter war der Engländer **Francis Drake** (1540 – 1596). Er besaß so viel Gold, dass er auf seinen Raubzügen Silbertaler einfach liegen ließ. Drake stand unter dem Schutz der Königin von England, die ihn später zum Flottenadmiral beförderte.

Als der wildeste Pirat gilt Edward Teach, auch **Schwarzbart** genannt. Er soll sich nie gewaschen und drei Meilen gegen den Wind gestunken haben. Auf seinem Hut trug er immer eine brennende Lunte, und in seinem Gürtel steckten fünf Revolver.

Klaus Störtebeker (ca. 1370 – 1401) fuhr erst als Freibeuter für die dänische Königin zur See, kaperte dann aber auf eigene Faust reiche Handelsschiffe. Bei den Armen war der »Schrecken der Nordsee« angeblich beliebt, da er an sie einen Teil seiner Beute verteilte. Störtebeker wurde gefangen genommen und geköpft.

Auch Frauen gab es unter den Piraten. **Anne Bonny** hatte sich in einen Piraten verliebt. Um mit ihm zusammen sein zu können, musste sie sich als Mann verkleiden.

Sie werden mit Sicherheit keine große Mühe haben, die Kinder für eine Reise in die Piratenzeit zu begeistern. Vielleicht haben einige Kinder sogar die bekannteren Erzählungen bereits gehört und sind mit dem Aussehen und der Ausrüstung der Seeräuber vertraut. Informieren Sie sich aber auch vor Beginn des Projekts, damit Sie zumindest ein paar Namen und Begebenheiten kennen. Bei dem Thema Piraten geht es im übrigen nicht nur um Spannung und Abenteuer, sondern auch um das Leben auf hoher See und um Schiffe, um Wasser und Meere, alte Völker und Mythen. Denken Sie aber daran: Es kommt den Kindern nicht auf Faktenwissen an. Wann Störtebecker gelebt hat, ist einem fünfjährigen Kind normalerweise nicht nur ziemlich egal, es kann mit dieser Zeitangabe auch nichts anfangen. Interessant für die Kinder ist viel mehr, was so ein Pirat erlebt hat.

Seeräubergeschichten

Wer war Kapitän Flint?

■ Nennen Sie den Kindern einige Namen berühmter Piraten, nach denen sie sich bei ihren Eltern, Verwandten, Freunden und in der Bücherei erkundigen können. Sie können auch nach Romanfiguren oder Filmhelden, wie Captain Hook aus James Barries Kinderbuch Peter Pan, Robinson Crusoe von Daniel Defoe, Long John Silver und der »Papagei« Kapitän Flint aus der Schatzinsel von Robert Louis Stevenson, den Piraten in Jim Knopf von Michael Ende oder den Meuterern von der Bounty forschen. Kleine Gruppen können sich mit einem bestimmten Seeräuber beschäftigen und ihn den anderen vorstellen.

Mit dem Finger auf Seefahrt

■ Piraten gab es zu allen Zeiten in allen Ecken dieser Erde. In der Antike lag ein Stützpunkt phönizischer Piraten zwischen Kilikien und der Insel Zypern. Die Drachenboote der Wikinger waren an der ganze Küste Europas, Afrikas und im Nahen Osten gefürchtet. Im Mittelalter machten Piraten alle Weltmeere unsicher. Vergrößern Sie die Weltkarte aus dem Serviceteil und verfolgen Sie mit dem Finger oder kleinen Fimo-Schiffen die Fahrten der Piraten.

Die Schrecken der Meere: Ein Fragespiel

■ Das Piratenleben war voller Abenteuer, aber auch langweilig und beschwerlich. Lassen Sie die Kinder raten, wie es damals wirklich war. Jedes Kind erhält eine rote und eine gelbe Karte. Die gelbe Karte wird hochgehalten, wenn eine Aussage zutrifft, die rote, wenn Sie flunkern. Wer richtig rät, bekommt drei Bohnen, Erbsen oder Maiskörner, aus denen später ein Piratenessen zubereitet wird.
Sie können beispielsweise behaupten:

- Piraten waren bis an die Zähne bewaffnet.
- Piraten mussten hart arbeiten.
- Piraten hatten ein lustiges Leben.
- Piraten brauchten sich um das Essen keine Sorgen machen.
- Piraten hörten auf kein Kommando.
- Piraten waren gute Seeleute.
- Piraten, die nicht gehorchten, wurden hart bestraft.
- Menschenleben waren nichts wert.
- Manche Piraten wurden geachtete Kapitäne.
- In den Schiffsvorräten waren Maden und Käfer.
- An Bord gab es auch Hühner, die Eier legten.
- Piraten tranken vor allem Wasser, weil es davon genug gab.

Die furchtbaren Wikinger
Die Wikinger handelten mit Sklaven, Pelzen, Stoff, Töpferwaren, Edelsteinen, Salz und Gewürzen. Sie waren aber nicht nur gefürchtete Barbaren, sondern auch geschickte Seefahrer und erstklassige Handwerker.

Fragen für Piratenforscher

■ Kinder betätigen sich gerne als kleine Experten, wenn sie sich für etwas interessieren. Daran können Sie anknüpfen und die Kinder bitten, kleine Forschungsteams aus zwei oder drei Kindern zu bilden. Sie können dann den Kindern ein paar Tage Zeit geben, um ihre Eltern, Freunde und Bekannten zu fragen. Sie können aber auch einfach Kleingruppen ohne große Vorbereitung ihre Vorstellungen austauschen und zusammentragen lassen. Die Piratenexperten können sich beispielsweise mit den folgenden Fragestellungen auseinander setzen:

Wer wurde Pirat?

■ Meuterer und unzufriedene Matrosen, die von ihren Kapitänen entlassen wurden. Entflohene Sklaven, die keine Arbeit fanden. Arme Seeleute, die mit Gewalt gezwungen wurden, sich den Piraten anzuschließen. Wilde Kerle, die Spaß am Kämpfen hatten.

Was ist ein Freibeuter?

■ Ein Pirat, der unter dem Schutz eines Königs oder einer Königin gestanden hat. Ein Freibeuter erhielt von seinem König einen Kaperbrief, in dem stand, welche Schiffe er kapern, also ausrauben durfte.

Was machten die Piraten im Winter?

■ In den südlichen Breiten ist es das ganze Jahr über warm. Dennoch hatten die Seeräuber oft eigene Stützpunkte, wo sie sicher vor Verfolgung waren. Sie konnten sich dort ausruhen und ihre Schätze sammeln.

Harte Arbeit
Die Arbeit an Bord eines jeden Schiffes war Schwerarbeit. Das Schiff musste gepflegt und gesäubert werden, weil Salzwasser und Hitze dem Holz zusetzten. Bei größtem Sturm und Regen mussten die Segel in Schwerstarbeit mit dicken Tauen gesetzt und eingeholt werden. Das war oft lebensgefährlich. Die Seeleute konnten vom Mast fallen, vom nassen Segel erschlagen werden oder bei Sturm über Bord gehen.

Wer arbeitete an Bord?

■ Wie auf jedem Schiff gab es den Kapitän, einen Navigator, viele Matrosen, Schiffsjungen, Zimmerleute, Takeler, die mit Tauen und Seilen umgehen konnten, einen Quartiermeister, der für Ordnung an Bord sorgte, Kanoniere und Waffenleute, einen Arzt und einen Koch.
Betrachten Sie mit den Kindern das Bild eines Piratenschiffes. Sie werden begreifen, dass auf einem großen Schiff eine Menge Leute gebraucht wurden.

Leben an Bord

Frauen als Piraten

■ Früher war es Frauen verboten, auf See zu fahren. Dennoch gab es Frauen, die als Männer verkleidet an Bord eines Schiffes gingen.
Diskutieren Sie mit den Kindern, was Frauen bewogen haben könnte, Pirat zu werden, wie sie unerkannt blieben und Schwangerschaften verbargen. Können Frauen heute zur See fahren, und dürfen Mädchen generell überall mitmachen?
Bitten Sie die Mädchen, sich so als Pirat zu verkleiden, dass man nicht mehr erkennen kann, ob sie ein Mädchen oder ein Junge sind. Dann wird geprüft, wem es am besten gelungen ist. Woran erkennt man noch den Unterschied zwischen Jungen und Mädchen? Wie könnte man sich besser tarnen?

Wie waren die Piraten bewaffnet?

■ Die Kinder malen auf, welche Waffen die Piraten wohl benutzt haben:
- Kanonen und Kanonenkugeln.
- Messer in allen Variationen.
- Feuerflaschen aus Ton oder Glas, die mit teer- oder ölgetränkten Lumpen gefüllt waren.
- Pistolen, Äxte, Schwerter.
- Krähenfüße, vierzackige scharfe Sterne aus Draht oder Eisen, die den barfüßigen Matrosen die Füße aufschlitzten.

Seefahrt gestern und heute

■ Einige Kinder haben sicher schon eine Schiffsreise gemacht oder waren mit ihrer Familie segeln, andere kennen die Seefahrt aus Filmen oder Erzählungen. Lassen Sie die Kinder vom Leben an Bord berichten und überlegen Sie gemeinsam, wie sich die Schiffe und die Seefahrt verändert haben. Fragen Sie die Kinder, wie die Schiffsbesatzungen heute aussehen, welche Berufe es auf modernen Schiffen gibt, welche es nur auf einem Piratenschiff gab. Vielleicht gibt es in der Nähe einen Ozeandampfer oder einen Frachtkahn, den Sie mit den Kindern besichtigen können. Kleinere Schiffe kann man auch in manchen Marine-, Technik- oder Völkerkundemuseen besichtigen.

Berühmte Piratinnen
Die Freibeuterin Anne Bonny (1692 – ?) etwa wurde nach einer schweren Verletzung als Frau erkannt. Dona Catalina de Erauso (1592 – 1635) galt als »bester Fechter Amerikas«. Sie wurde bei einem Duell verletzt und ebenfalls bei der Operation als Frau enttarnt. Mary Read (1690 – 1720) fuhr lange Zeit zur See, bevor ihre wahre Identität durch eine Schwangerschaft im Gefängnis entdeckt wurde.
Helga Helsper: Abenteuer auf See. Über Piratinnen und andere Seefrauen, Dortmund 1991. Ausführliche Darstellung von Frauenschicksalen auf hoher See.

Pedro und die Piraten: Ein Rollenspiel

Pedro ist furchtbar aufgeregt. Zum ersten Mal darf er mit seinem Vater auf dem großen Schiff mitfahren. Sein Vater ist Kaufmann. Das will Pedro auch mal werden. »Kleine Kinder haben auf Schiffen nichts zu suchen. Das ist viel zu gefährlich!«, hat der Kapitän zuerst gesagt. Aber Pedros Vater hat ihn überzeugt. Denn so klein ist Pedro auch nicht mehr. Er ist acht Jahre alt.
Wenn nur die Piraten nicht wären! Sie sollen so grausam sein und jeden sofort töten. Das erzählt man sich jedenfalls. Pedro geht mit seinen Eltern noch mal in die Kirche und betet, dass die Reise glücklich verläuft.
Natürlich nehmen sie Wachen mit. Und sie reisen nicht alleine. Sechs Handelsschiffe, von denen eins sogar Kanonen an Bord hat, laufen aus dem Hafen von Barcelona aus. Es ist noch gar nichts passiert. Pedro ist nicht einmal schlecht geworden. Da meldet der Matrose im Ausguck: »Schiff in Sicht!« Etwa ein Piratenschiff? Doch wenig später hat der Matrose das Schiff wieder aus den Augen verloren. Wahrscheinlich war es nur ein Handelsschiff, denn es ist nicht näher gekommen.

Es wird dunkel. Kleine Lampen werden angemacht, damit sich die Schiffe, die zusammen reisen, nicht verlieren. Plötzlich sind sie da: Piraten! Keiner hat sie kommen sehen. Von allen Seiten klettern sie am Schiff hoch. Es sind so viele auf einmal, dass die Wachen sich sofort ergeben. Entsetzt schaut Pedro zu, wie die Piraten das Schiff erobern. Zwei übernehmen sofort das Ruder. Einer löscht die kleinen Lichter, damit die anderen Schiffe nicht zu Hilfe kommen können. Die übrigen Piraten kämpfen sich bis zum Kapitän vor. Wenn der aufgibt, ist das Schiff besiegt.
Pedro und sein Vater werden gefesselt. »Hab keine Angst«, flüstert der Vater Pedro zu, »die sehen zwar gefährlich aus, aber sie werden uns nichts tun. Die wollen nur Lösegeld. Ich habe zu Hause schon was beiseite gelegt.«
Trotzdem. Pedro hat Angst. Auch wenn ihm sein Vater erklärt, dass alle Kaufleute für so einen Fall Geld zurücklegen. Aber Pedro ist auch sehr neugierig. Als Gefangener wird er das Leben der Piraten ganz aus der Nähe kennenlernen. Wenn er wieder zurückkommt, gibt es bestimmt viel zu erzählen.

Aus Bernhard Lassahn/Peter Klauke:
Das will ich wissen: Piraten, Arena-Verlag, Würzburg 1998.

■ Lassen Sie die Kinder die Geschichte zu Ende spielen: Wie ergeht es Pedro bei den Piraten? Wird er vielleicht selbst Pirat? Fragen, die Sie mit den Kindern besprechen, dienen als Anregung zum Nachspielen: Hätten sich die Überfallenen wehren sollen? Warum haben die anderen Schiffe mit ihren Kanonen nicht geholfen? Was wird Pedro bei den Piraten erleben? Sie können auch überlegen, mit welchen Täuschungsmanövern die Piraten Schiffe überrumpelten und wie sich die Angegriffenen wehren konnten.

Essen auf See

Was aßen die Piraten?

■ Die Seefahrer waren oft wochenlang auf See und kamen nur gelegentlich an Land. Sie mussten deshalb genügend abwechslungsreiche Nahrung mitnehmen, um nicht krank zu werden. Auf manchen Schiffen gab es Hühner und Schweine, und die Wikinger luden sogar Kühe ein. Alles andere musste haltbar sein oder zuvor haltbar gemacht werden, da es keine Kühlschränke gab. Wie aber machten die Seefahrer ihre Lebensmittel haltbar? Probieren Sie es mit den Kindern aus.

Haferkekse

Zutaten: 150 g Hafermehl, 1TL Öl, Salz, 1/2 TL Natron, heißes Wasser

■ Alle Zutaten werden gut miteinander vermischt. Der weich geknetete Teig wird dünn ausgerollt und in Scheiben geschnitten, auf ein Backblech gelegt und bei 175 Grad gebacken, bis die Ränder leicht dunkel geworden sind.

Haferbisquits

Zutaten: Hafermehl, Salz, Wasser

■ Die Zutaten werden zu einem geschmeidigen Teig verarbeitet, dünn zu Fladen ausgerollt und im Backofen bei 175 Grad oder in der Pfanne gebacken. Diese Kekse sind nicht nur sehr gesund, sie können auch lange aufbewahrt werden. Diskutieren Sie mit den Kindern, ob man früher wohl Mehl, Korn oder fertig gebackene Fladen mitgenommen hat. Wie konnte man das Getreide vor Ratten und Mäusen schützen?

Risotto

Zutaten: 500 g Reis, 2 Teile Gemüsebrühe (auf den Schiffen nahm man Wasser), Öl, Salz, Kräuter, Gemüse nach der Jahreszeit (welches Gemüse bleibt lange frisch und könnte auf eine Schiffsreise mitgenommen werden?)

■ Der Reis wird in einer großen Pfanne mit Öl angebraten, das kleingeschnittene Gemüse und die Zwiebeln hinzugefügt. Das Ganze mit der Hälfte der Brühe auffüllen und 15 Minuten ziehen lassen. Die restliche Flüssigkeit zugeben und noch einmal 20 Minuten kochen. Reis kann man gut längere Zeit aufbewahren.

Gemüse aufbewahren

■ Mohrrüben, Kartoffeln und anderes Gemüse, das unter der Erde wächst, kann in einer alten, mit Sand gefüllten Obstkiste lange aufbewahrt werden. Das Gemüse darf kein Licht bekommen und sollte kalt stehen.

Fleisch pökeln

■ Sie brauchen gut abgehangenes Fleisch vom Metzger und ein Holzfass mit durchlöchertem Deckel zum Pökeln. Kochen Sie eine Sole und füllen sie in das Fass. Wenn eine rohe Kartoffel auf der Sole schwimmt, ist die Mischung von Salz und Wasser richtig. Das Fleisch wird eingestochen, mit braunem Zucker und Kaliumnitrat aus der Apotheke eingerieben und 24 Stunden kalt gestellt. Dann wird es zehn Tage in die Salzlösung gegeben. Wenn das Fleisch kühl aufbewahrt wird, ist es eine ganze Weile genießbar.

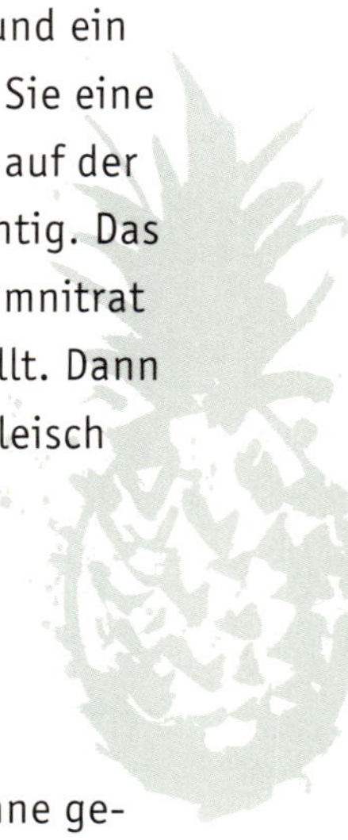

Obst & Gemüse konservieren

■ Bananen, Äpfel, Birnen und andere Früchte können in der Sonne getrocknet werden. Man schneidet dünne Scheiben und fädelt diese auf ein Band. Die Schnur wird an einen sonnigen Platz gehängt. Wem das zu lange dauert, kann das Obst im Backofen trocknen. Welche Gartenfrüchte lassen sich noch längere Zeit aufbewahren?

Weitere Konservierungsmöglichkeiten:

- Kürbisse in Netzen aufhängen.
- Zwiebeln und Knoblauch zu einem Strang flechten und trocken und kühl aufhängen.
- Bohnen und Erbsen säubern, trocknen und in Dosen füllen.
- Maiskolben kochen, im Ofen trocknen, Kerne auslösen und in Dosen füllen.
- Äpfel und Birnen einzeln in Papier einwickeln und kühl lagern.
- Marmelade kochen.
- Obst und Gemüse in mit Gewürzen und Zucker abgeschmecktem Essig so lange kochen, bis die Flüssigkeit dick wird.
- Obst und Gemüse einkochen. Bei dieser wie bei den anderen Zubereitungen kann auch jemand aus einer Familie helfen.

Magere Kost

Die Kost auf Seereisen wa ausgesprochen dürftig und vitaminarm. Die Seeleute ernährten sich von Dörrfleisch und Zwieback; wenn sie Glück hatten, fingen sie Fische und Schildkröten. Häufig wurden sie wegen der mangelhaften Ernährung krank und bekamen etwa Skorbut. Ratten, Mäuse, Kornkäfer und Maden verunreinigten das Essen. Besonders bei Windflaute reichten auf den Schiffen die Vorräte nicht. In der größten Not wurden die Hungrigen zu Kannibalen und verzehrten Menschen.

Schiffskunde für Landratten

Warum schwimmen Schiffe?

■ Ob etwas schwimmt, liegt nicht an der Größe und Schwere eines Körpers, sondern am Material und an der Dichte. Besteht er aus kleinen oder großen Hohlräumen mit viel Luft, hat er eine geringe Dichte und damit einen hohen Auftrieb. Füllen Sie eine große Schüssel mit Wasser und lassen Sie die Kinder mit verschiedenen Gegenständen probieren, was und warum etwas schwimmt. Getestet werden kann alles, was die Kinder finden. Sie können aber auch Korken, leere Tetrapackungen, Nägel, Watte, Joghurtbecher, Murmeln, Papier, Holzstücke, Styropor, Federn und Steine bereitstellen. Die Kinder sortieren die Gegenstände nach hervorragender, mäßiger und keiner Schwimmfähigkeit auf drei Tabletts. Sind alle Gegenstände zugeordnet, forschen Sie gemeinsam nach Gründen für die Schwimmfähigkeit.

Schiffsbau

Der Bau eines Segelschiffes dauerte oft Jahre und setzte viel handwerkliches Können voraus. In der Antike und im Mittelalter wurden dafür große Mengen Holz benötigt, so dass ganze Wälder abgeholzt wurden. Vor dem Bootsbau musste das Holz in Salzwasser gelagert werden, damit es leichter verarbeitet werden konnte. »Die Seeleute waren ein abergläubisches Volk. Um das Schiff vor Unglück zu schützen, wurde es von einem Kunstschmied reich verziert und eine Galionsfigur am Bug des Schiffes befestigt.« Sabine Schneider / Winfried Kneip: Piraten und Seefahrer, Verlag an der Ruhr, Mülheim 1997, S. 71.

Nägel sinken, Schiffe nicht

■ Warum schwimmen Schiffe aus Eisen, aber keine Nägel? Legen Sie eine Metallschüssel in eine Wasserschale. Die Schüssel wird schwimmen, weil sie innen hohl ist. Nun legen Sie einen Nagel nach dem anderen in die Schüssel. Je mehr Nägel in die Schüssel gefüllt werden, desto weniger Luft enthält sie, bis sie schließlich sinkt.

Windstärken messen

■ Es gibt zwölf verschiedene Windstärken. Es ist aber für Kinder nicht einfach, sie alle einzuschätzen. Deswegen beschränken wir uns auf einige wenige:

Windstärke	Bezeichnung	Beschreibung
0	Stille	Ruhige, spiegelglatte See.
3	schwache Brise	Kämme beginnen sich zu brechen, schwach bewegte See.
6	starker Wind	Große Wellen, Gischt, grobe See.
9	Sturm	Hohe Wellen, dichte Schaumstreifen, hohe See.
12	Orkan	See ist vollständig weiß und außergewöhnlich schwer, keine Fernsicht mehr.

Besprechen Sie mit den Kindern die verschiedenen Sturmstärken und deren Auswirkungen auf segelnde Schiffe. Lassen Sie die Kinder im Wasser selbst Wellen mit den entsprechenden Sturmstärken erzeugen. Beobachten Sie im Freien, welche Windstärken Bäume, Papierfahnen und Bänder in Bewegung bringen.

Knoten knoten

■ Damit an Bord alles gut vertäut ist und nichts ins Wasser fällt, müssen Matrosen feste Knoten machen können. Es gibt vielerlei Knotenformen für die unterschiedlichsten Zwecke. Wenn Sie mit den Kindern die Kunst des Knotenmachens lernen wollen, fangen Sie am besten mit den beiden folgenden einfachen Versionen an.

Der Kreuzknoten, der zwei Taue miteinander verbindet: Ein Seil zum Bogen formen. Das Ende eines zweiten Seiles von unten durch den Bogen stecken und unter den beiden Seilteilen hindurch wieder oben über den Bogen führen.

Der Palstek, mit dem man ein Boot festbindet: Das Seil zu einer Schlaufe formen, das Seilende durchstecken, hinter der Schlaufe herumführen und wieder durch die Schlaufe stecken.

Wie kommt das Salz ins Meer?

■ Steine sind salzhaltig. Im Meer wird dieses Salz durch die Wasserbewegung aus den Steinen gelöst. Besorgen Sie etwas Salzwasser oder fertigen Sie selbst mit den Kindern eine Salzlake an. Das Salzwasser wird auf ein Löschpapier getröpfelt und dann getrocknet. Verdunstet das Wasser, bildet es Salzkrusten. Salz war auch für die Seefahrer und Piraten ein wichtiger Baustein für die Ernährung. Piraten schwitzten bei ihrer harten Arbeit und mussten viel Salz zu sich nehmen.

Trinkwasserqualität

■ Die Seefahrer hatten früher große Probleme, auf hoher See ihr Trinkwasser frisch und sauber zu halten. Deswegen griffen sie gerne auf andere, meist alkoholische Getränke zurück. Besprechen Sie mit den Kindern das Problem:

- Warum haben sie nicht einfach Meerwasser getrunken?
- Was passiert mit Wasser, das in einem Holzfass aufbewahrt wird? Probieren Sie es aus: Nach einiger Zeit riecht es brackig.
- Gießen Sie Wasser aus einer Pfütze, aus der Wasserleitung oder aus der Regentonne durch eine Filtertüte und untersuchen Sie die Rückstände.
- Untersuchen Sie mit Teststreifen aus der Apotheke unterschiedliche Wasserqualitäten.
- Legen Sie Wassertropfen aus einem Teich, See oder Meer unter das Mikroskop.

Salz ist wichtig

Salz ist das wichtigste Mineral, das wir Menschen zum Leben brauchen. Wir werden krank, wenn wir zu wenig, aber auch wenn wir zu viel davon essen. Salz ist in vielen Nahrungsmitteln enthalten, zum Beispiel in Brot, Käse, Wurst und in allen Suppen. Normalerweise ist mit einem gesunden Speiseplan auch der tägliche Salzbedarf abgedeckt. Doch im Sommer, wenn wir viel schwitzen, dann scheiden wir mit dem Schweiß auch Salz aus unserem Körper aus. Dieses Salz muss wieder ersetzt werden.

Aus Gisela Walter: Wasser, Weinheim 1992.

Kleider und Waffen

Ein bunter Haufen

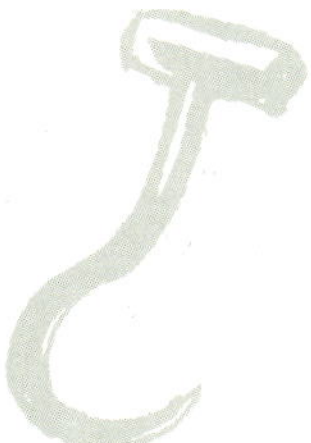

■ Was die Piraten zum Anziehen benötigten, besorgten sie sich bei ihren Überfällen. Ihr Erscheinungsbild wirkte verwegen, da sie häufig bunt zusammengesuchte Kleidungsstücke trugen. Vor allem die Freibeuter legten aber auch häufig Wert auf ein gutes Aussehen und kleideten sich edel. Die typische Piratenkleidung mit Augenklappe, weißem Hemd, breiter Bauchbinde und Kopftuch war jedoch nicht die Regel. Für die Projektarbeit spielt es aber keine Rolle, wie die Piraten wirklich aussahen. Die Kinder dürfen anziehen, was ihnen Spaß macht. Wichtig ist nur, dass es praktisch ist: Die Piraten mussten schließlich in die Rahen klettern und kämpfen. Aus Büchern und Filmen oder durch einen Museumsbesuch können Sie mehr über die Piratenkleidung erfahren.

Kein Kleiderzwang
Machen Sie den Kindern bei der Gestaltung der Piratenkleider keine Vorgaben. Sie engen ihre Fantasie damit nur ein. Der typische Seeräuber ist sowieso nur ein romantisches Klischee der Medien. Piraten waren jedoch Individualisten, und die Kinder sollten auch Individualisten sein dürfen.

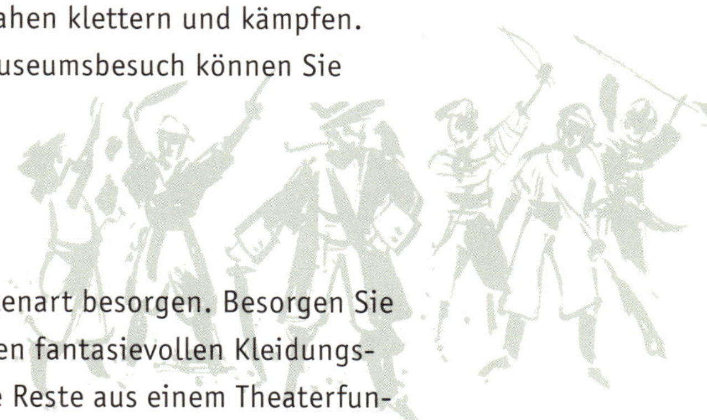

Überfall auf die Klamottenkiste

■ Die Kinder können ihre Kleidung auf Piratenart besorgen. Besorgen Sie dazu eine Klamottenkiste mit möglichst vielen fantasievollen Kleidungsstücken. Vielleicht erhalten Sie ausrangierte Reste aus einem Theaterfundus. Dann inszenieren Sie einen Überfall: Ein Tisch wird zum Schiff, in dem die Truhe mit den Kleidern, Tüchern und Stoff steht. Sie können auch Schmuck und Gold in Form von Schokotalern in die Kiste legen. Sie und Ihre Kolleginnen spielen die Besatzung. Die Kinder erbeuten das Schiff und können sich jetzt nach Herzenslust in Piraten verwandeln.

Augenklappe und Kopftuch

■ Zu einem Piratenkostüm gehört ein Kopftuch, ein Halstuch, ein Ohrring und eine Augenklappe. Das alles kann man selber herstellen.

Das Kopftuch wird mit der breiten Seite nach vorne über den Kopf gelegt, die beiden Enden im Nacken zusammengeknotet.

Die Augenklappe besteht aus schwarzer Pappe oder weichem Leder und einem Gummiband.

Pappe oder Leder wird so ausgeschnitten, wie das Bild es zeigt und an den beiden Kanten mit einem Loch versehen. Das Gummiband wird mit einem einfachen Knoten in den Löchern befestigt.

Für den Ohrring reicht ein großer Gardinenring, der mit einem Band über das Ohr gehängt wird. Den Kindern fallen sicher eine Menge anderer Gestaltungsmöglichkeiten für Piratenohrringe ein, die häufig reich verziert waren.

Piratenhut

■ Einen einfachen Piratenhut können die Kinder aus Tonpapier herstellen. Ein schwarzer Bogen wird in der Mitte gefaltet und die Umrisse eines Piratenhutes vorgezeichnet. Dann wird an den Hilfslinien entlang ausgeschnitten. Wenn die obere, gefalzte Kante erhalten bleibt, ist der Hut bereits an einer Seite geschlossen, die anderen Seiten werden zusammengeklebt. Der Hut wird mit einem weißen Stift fantasievoll bemalt.

Fernrohr

■ Sammeln Sie Papprollen von Küchen- und Klopapier oder kleben Sie aus Tonpapier Rollen zusammen. Stecken Sie zwei oder drei verschieden dicke Rollen ineinander und bekleben Sie diese mit silberner Folie.

Schatzkiste

■ Jeder Pirat braucht eine Schatzkiste. Die Kinder bringen dafür am besten einen Schuhkarton mit, der mit bunten Farben bemalt oder mit Gold- und Silberfolie sowie mit Diamanten (Plastiksteinen aus dem Bastelladen) beklebt wird.

Flaggen

■ Flaggen und Wimpel sind auf See wichtige Verständigungs- und Erkennungszeichen. Besprechen Sie mit den Kindern, welche Symbole die Piraten für ihre Flaggen wählten und welcher Sinn dahinter steckte. Einige Beispiele: Ein Totenkopf bedeutete tödliche Gefahr, ein Säbel stand für Gewalt, Knochen für den Tod. Flaggen können hergestellt werden, indem die Kinder

- einen roten Stoff mit schwarzer Stofffarbe bemalen;
- schwarzen Stoff mit weißen Filz-Symbolen bekleben;
- Tonpapier mit Wachskreiden bemalen;
- Motive mit flüssigem Wachs auf weiße Seide malen und schwarz färben;

Weitere Anregungen finden Sie auch in der PeP-Mappe Burgen, Ritter, Edelfrauen.

Piratensäbel

Material: Schaumgummi, Schere, ein Stück Pappe für den Handschutz, Tesaband für den Griff.

■ Mit einem Filzschreiber wird die Säbelform auf das dicke Schaumgummistück gezeichnet und mit einer großen Schere oder, von größeren Kindern, mit einem Teppichmesser auf einer festen Unterlage ausgeschnitten. Auf den Griff wird eine Pappscheibe als Handschutz gesteckt. Der Griff selbst wird mit farbigem Tesaband beklebt, das macht ihn stabiler. Der Säbel kann auch aus Styropor hergestellt werden.

Entermesser

Material: starke Pappe, Cutter oder Schere, Zeitungspapier, Kleister, Alufolie.

■ Das riesige Entermesser benutzten die Piraten als Waffe und zum Essen. Die Rohform aus Pappe wird mit Papierschnitzeln und Kleister beklebt, bis die Form stimmt. Das Messer trocknet ein paar Tage durch, wird dann mit Alufolie überzogen und am Griff bemalt.

Backofenpiraten

Teig statt Knete

■ Statt mit Fimo, Knetgummi und Salzteig können die Kinder Piraten, Schiffe, Schatztruhen und anderes Piratenzubehör aus Mürbeteig gestalten. Die Riesenkekse können lange aufbewahrt und später, wenn das Piratenprojekt beendet ist, feierlich verspeist werden. So kann dem Projekt ein Schlussakzent gegeben werden.

Mürbeteigpiraten

Grundrezept: Mürbeteig

Zutaten: 500 g Mehl, 150 g Zucker, 1 Prise Salz, 2 Päckchen Vanillezucker, 1 TL Zimt, 2 Eier, 200 g Butter oder Margarine

■ Die Zutaten miteinander verkneten und im Kühlschrank ruhen lassen. Teig 1 cm dick ausrollen und mit einem Messer Figuren ausschneiden (vorher eine Papiervorlage anfertigen).
Figuren auf dem Backblech (mittlere Schiene) 15 Minuten bei 180 Grad backen.

Zum Verzieren:

2 Eiweiß, 400 g Puderzucker, Lebensmittelfarbe, Kuvertüre, Smarties, Salmis, Zuckerperlen

■ Eiweiß steif schlagen, langsam Puderzucker zugeben. Lebensmittelfarbe unterrühren.
Kuvertüre zum Anmalen im Wasserbad schmelzen.
Smarties, Salmis, Zuckerperlen zum Verzieren des Piraten.

Backen macht Spaß

Kinder backen leidenschaftlich gerne. Dabei ist nicht das Ergebnis wichtig, sondern das gemeinsame Tun. Ganz nebenbei lernen die Kinder, die Arbeiten zu organisieren und aus den Zutaten etwas Essbares herzustellen. Lassen Sie den Kindern viel Freiheit beim Backen. Üben Sie aber das Abmessen mit einem Messbecher. Wenn die Kinder noch keine Zahlen kennen, bringen Sie farbige Markierungen an. Da in vielen Familien nicht mehr gebacken wird, können Sie in der Kita eine wertvolle Erfahrung bieten.

Rührteigschiffe

Grundrezept: Rührteig

Zutaten: 250 g Zucker, 1 Prise Salz, 4 Eier, 2 TL Zitronenschale, 250 g zerlassene, abgekühlte Margarine, Saft einer Zitrone, 175 g Mehl, 175 g Speisestärke, 1 Messerspitze Backpulver

■ Alle Zutaten der Reihe nach gut miteinander vermischen und in die eingefetteten und mit Semmelbrösel bestreuten Aluformen geben. 20 bis 30 Minuten bei 200 Grad backen.

Zum Verzieren:

Farbiges Papier und Band für Girlanden, Schaschlikspieße für den Mast, Smarties und andere Süßigkeiten.

Kleine Bastelschiffe

Schiffe für Badewannenkapitäne

■ Es muss nicht gleich das große Meer oder ein Schwimmbad sein. Auch in der Badewanne oder sogar in einer Wasserschüssel können Kinder zu Piraten werden, wenn sie mit kleinen Schiffen spielen. Sie können dazu folgende Schiffe bauen:

Falten
Falten ist leider ein wenig in Vergessenheit geraten. Es ist jedoch eine Gestaltungstechnik, die kaum Vorbereitung benötigt und Kindern sehr viel Spaß macht. Beginnen Sie mit den einfachen Grundformen Buch, Schrank, Taschentuch und Schokoladentafel. Beim Falten üben die Kinder ihre Feinmotorik und lernen präzise zu arbeiten, weil die Schiffe oder Flugzeuge sonst misslingen.
Literaturtipp: Zülal Aytüre-Scheele, Origami. Papierfalten für groß und klein, Vaduz 1986.

Papierdampfer

Die vier Ecken eines Papierquadrats werden zur Mitte gefaltet. Dann drehen Sie das kleinere Quadrat um und falten wieder alle vier Ecken zur Mitte. Dies wiederholen Sie noch einmal und drehen die Form erneut um. Sie haben jetzt vier kleine Quadrate vor sich, von denen Sie zwei gegenüberliegende öffnen und auseinander drücken. Die Ecken der beiden anderen Quadrate falten Sie in der Mitte und ziehen sie nach außen. So entsteht der Schornstein, den Sie anmalen können.

Papiersegler

1. Die rechte und die linke Seite eines Papierquadrats wird zum Schrank gefaltet.
2. Obere und untere Kante zur Mittellinie falten.
3. Hilfslinien falten.
4. Der Abbildung entsprechend vorfalten.
5. Innere untere Ecken anheben und dann nach außen ziehen.
6. Unterkante der Form mit der waagerechten Mittellinie zur Deckung bringen, drehen und Schritte 5 und 6 wiederholen.
7. Grundform mit Hilfslinie versehen und die äußeren Spitzen in Pfeilrichtung falten.
8. Linke untere Spitze nach links falten.
9. Die rechte obere Spitze nach oben, die linke nach unten falten.
10. Die Form so zusammenklappen, dass die geschlossene Außenseite innen ist.
11. Linke obere Spitze nach rechts ziehen.

Styroporboot

■ Einzelne Bauteile werden aus Styroporplatten ausgeschnitten, mit Nadeln oder Spezialkleber zu Fantasieschiffen zusammengefügt und anschließend angemalt.

Korkenfloß

■ Korken zu einem Floß zusammenleimen oder aneinander binden. Die Korken können aber auch in Scheiben oder Würfel geschnitten werden und zu einem Schiff zusammengesetzt werden.

Milchtütensegler

■ Tetrapak schwimmen hervorragend. Sie können in der Mitte auseinander geschnitten werden oder als ganze Tüte mit Schornsteinen, Takelage und anderen Aufbauten versehen werden.

Wäscheklammersegler

■ Eine Holzwäscheklammer wird auseinandergenommen und die Klammerteile mit den Rückseiten zusammengeklebt. In das mittlere Loch kann ein Zahnstocher oder Streichholz mit einem Stück Stoff als Segel gesteckt oder geklebt werden. Dieses Klammerboot, das prima in der kleinsten Wasserschüssel schwimmt, können auch die Kleinen bauen.

Schiffe zum Reinsitzen

Das große Piratenschiff

■ Lassen Sie die Kinder ihre eigenen Piratenschiffe gestalten. Am lustigsten ist es, wenn immer drei bis vier Kinder ein eigenes Schiff bauen. Drehen Sie einfach einen oder mehrere Tische um, stellen Sie den Kindern Tücher für die Segel, Besenstiele für die Rahen und Seile zur Verfügung. Auch ohne Anleitung sind die Kinder mit der Gestaltung des Schiffes tagelang beschäftigt. Dann wird es noch eine Weile dauern, bis alle Piratenabenteuer in den Tisch-Schiffen durchgespielt wurden.

Ein Floß für Schiffbrüchige

■ Mineralwasserflaschen aus Plastik werden mit Paketband, Plastikkleber oder textilem Tesaband zu einem Floß zusammengebaut. Wenn das Floß groß genug ist, kann es im Pool schwimmen und auch einen oder mehrere Menschen tragen. Sie können auch Autoreifen zusammenbinden, ein Brett oben drauf vertäuen, und fertig ist das Floß.

Pappkartonschiff

■ Organisieren Sie einen großen Pappkarton. Hervorragend geeignet sind Fernseh- oder Computerverpackungen, die Eltern oder Fachgeschäfte gerne loswerden. Aus diesen großen Kartons lassen sich prima Schiffe bauen, mit denen die Kinder wochenlang spielen können.

Wannenschiff

■ In der Regel reicht Kindern eine alte Plastikwanne, um wilde Piratenabenteuer zu erleben. Nach einem kräftigen Regenguss, wenn der ganze Garten unter Wasser steht, werden schon kleine Pfützen oder ein seichter Wassergraben zum weiten Meer.

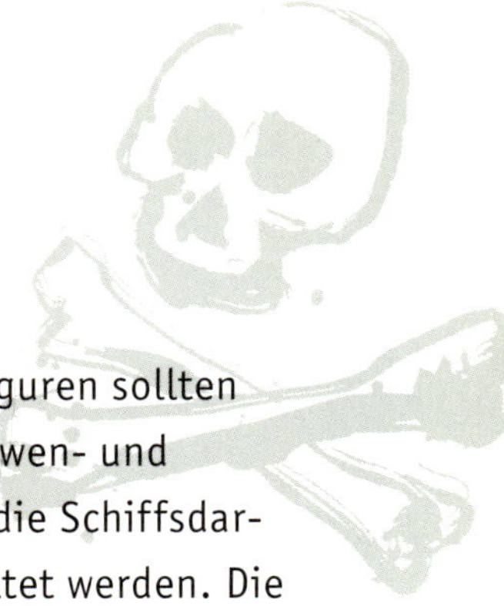

Galionsfiguren

■ Die Piraten verzierten immer ihren Schiffsbug. Galionsfiguren sollten Unheil von den Schiffen abwenden, bedrohlich wirkende Löwen- und Drachenköpfe Feinden Angst einjagen. Solche Figuren, für die Schiffsdarstellungen als Vorlage dienen, können aus Tonpapier gestaltet werden. Die Formen werden aufgezeichnet, ausgeschnitten und an einem Stab befestigt, der mit Klebeband am Schiff angebunden wird.

Specksteinköpfe

■ Die Bugverzierungen können die Kinder natürlich auch aus Speckstein schnitzen, der weich ist und sich mit einem stumpfen Kartoffelschäler bearbeiten lässt. Im Sommer macht es den Kindern aber auch Spaß, im Freien große Ytong-Steine zu bearbeiten.

Runen

■ Alle Schiffe tragen einen Namen, der natürlich in der Sprache des Herkunftslandes geschrieben wird. In früheren Zeiten hatten beispielsweise die Wikinger besonders bildhafte Schriftzeichen, die man Runen nannte und die folgendermaßen aussahen:

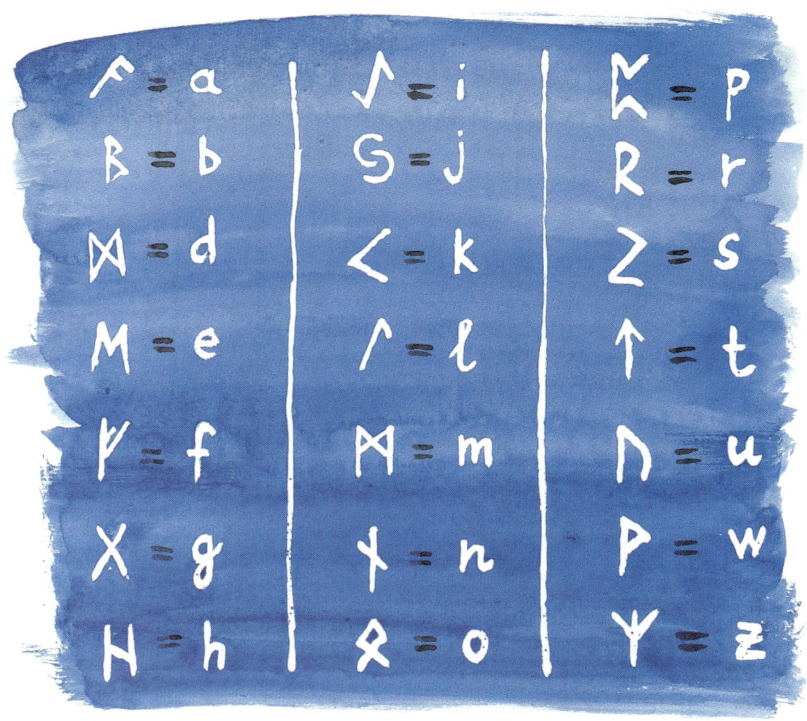

Die Kinder sollen sich einen Schiffsnamen ausdenken. Dann zeigen Sie den Kindern die entsprechenden Runen. Die Zeichen können von den Kindern nachgemalt oder mit Salzteig geformt und anschließend auf das Schiff geklebt werden. Auch wenn die Kinder noch nicht schreiben können, wird es ihnen gefallen, den eigenen Namen mit den Zeichen der Wikinger nachmalen zu können.

Lustige Seemanns- und Spiellieder

Higgelty, Piggelty, Pop und Pu

Text und Melodie: Fredrik Vahle

Piggelty gab die Richtung an,
und deshalb war er der Steuermann.
Pop und Pu, die kochten Tee,
so fuhren die Viere über See.
Alohahe …

Und eines Abends gleich hinter Alaska
fragt Higgelty Piggelty: Was is'n das da?
Piggelty rief: Ein Pottwal ist das!
Und der Pottwal spritzte sie alle nass.
Alohahe …

Ein Schiff mit Piraten fuhr heran,
und Piggelty rief: Wir rammen den Kahn!
Die Piraten kriegten ein' Riesenschreck
und flohen und flohen und dann warn se weg.
Alohahe …

Und einmal, da führte Pop das Steuer,
da kam ein furchtbares Seeungeheuer.
Und Pop rief: Komm, ich küsse dich!
Da tauchte es weg, denn das mochte es nicht.
Alohahe …

So fuhren sie wohl sieben Jahr'
von Honolulu bis Sansibar.
Durch Wind und Wellen immerzu
fuhren Higgelty, Piggelty, Pop und Pu.
Alohahe …

Doch seht ihr mal einen Schuh im Meer,
und es ist, als ob da was drinnen wär',
und kichert und quaddelt und quakt immerzu,
sind das Higgelty, Piggelty, Pop und Pu.
Alohahe …

Aus: Das Anne-Kaffeekanne-Liederbuch,
Aktive Musik Verlagsgesellschaft mbH, Dortmund 1993.

■ Mit dem Lied von Higgelty, Piggelty, Pop und Pu können sich die Kinder für die große Reise in ihren selbstgebauten Piratenschiffen in Stimmung bringen. Es mag auf den ersten Blick schwierig erscheinen. Da aber sowohl Text als auch Melodie nett und ansprechend sind, hören es Kinder nicht nur gerne, sondern singen es schnell und begeistert mit.

Die Piraten-Lili

> = *Stampfschritt, nach links beginnen*

Aus Sabine Hirler: Wahrnehmungsförderung durch Rhythmik und Musik, Verlag Herder, Freiburg 1999.

1. Ich bin Piraten-Lili,	*Piraten-Lili tritt in die Kreismitte und zeigt auf sich.*
der Schrecken auf der See.	*Sie schaut bedrohlich in die Runde.*
Wir alle sind Piraten	*Sie zeigt auf die anderen Piraten.*
und grölen laut: Ho-hee!	*Geste des Rufens.*
Refrain:	*Den linken Arm wie ein Angeber heben*
Wir sind	*und die Faust ballen.*
Piri-,	*Rechte Hand um den Oberarm greifen.*
Pira-,	*Rechten Arm wie ein Angeber heben und Oberarm mit linker Hand umgreifen.*
Piraten	*Im Liedrhythmus rasch einmal linke und einmal rechte Angeber-Gestik ausführen.*
und machen	*Angeber-Gestik mit linkem Arm.*
schreck-	
schreckliche	*Angeber-Gestik mit rechtem Arm.*
Taten.	*Im Rhythmus einmal links, einmal rechts Angeber-Gestik ausführen.*

2. Ich bin der Smutje Jonny,	*Smutje Jonny tritt in die Kreismitte und zeigt auf sich. Er hält einen Kochlöffel in der Hand.*
mein Essen ist famos.	*Er reibt sich den Bauch.*
Nur wenn wir gut gegessen, dann geht's erst richtig los.	*Er rührt mit dem Kochlöffel in einem großen Topf.*
Wir sind Piri-, Pira-, Piraten ...	*wie oben.*

3. Ich bin Haudegen Harry, auf mich ist stets Verlass.	*Haudegen Harry tritt in die Kreismitte und zeigt auf sich. Er geht herum und lässt seine Muskeln spielen.*
Kommt einer in die Quere, dann wird er sofort nass.	*Er schubst andere Piraten an, die freiwillig über Bord gehen.*
Wir sind Piri-, Pira-, Piraten ...	*wie oben.*

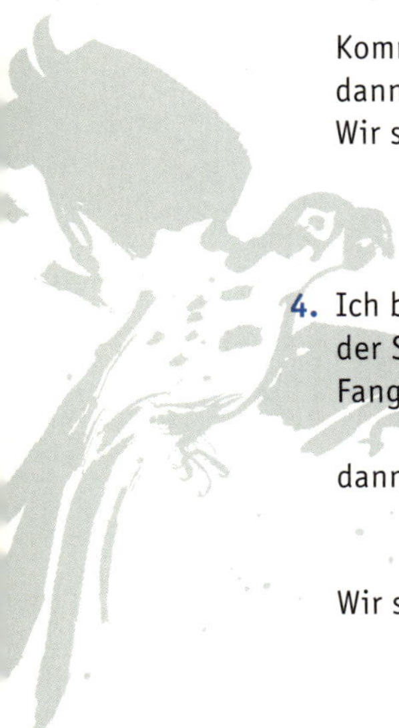

4. Ich bin Papagei Lore, der Schreihals hier an Bord.	*Papagei Lore tritt in die Kreismitte und zeigt auf sich.*
Fang ich mal an zu schreien,	*Bei »schreien« fängt sie an, laut zu krächzen und zu schreien.*
dann laufen alle fort.	*Die anderen laufen kreuz und quer durch den Raum und halten sich die Ohren zu.*
Wir sind Piri-, Pira-, Piraten ...	*Die Kinder bilden wieder einen Kreis.*

■ Die Kinder verkleiden sich als Piraten und stellen sich im Kreis auf. Die Gruppe bewegt sich mit wiegenden Stampfschritten, die links beginnen, und führen dabei die angegebenen Bewegungen aus. Vier Kinder stellen die Piraten-Lili, Smutje Jonny, Haudegen Harry und Papagei Lore dar. Sie treten bei der entsprechende Strophe in die Kreismitte. Das Singspiel kann auch mit Instrumenten begleitet werden. Genaue Anweisungen dazu finden Sie in dem Buch von Sabine Hirler.

Der Regenbogenfisch

Aus Sabine Hirler/Edith Penz: Rhythmische Spielgeschichten, Kallmeyersche Verlagsbuchhandlung, Seelze 1997.

1. Im weiten, weiten Meer,	*Mit den Händen schwimmende Fische darstellen.*
da lebt ein ganz besonderer Fisch.	
Er glitzert bunt im Meer,	
es ist der Regenbogenfisch.	
Regenbogenfisch,	*3x klatschen.*
du bist der allerschönste hier.	*Sich stolz hin- und herdrehen.*
Regenbogenfisch	*3x klatschen.*
alle bewundern dich.	*Sich stolz hin- und herdrehen.*
2. Doch keiner spielt mit ihm,	*Mit den Händen Fische imitieren.*
weil er so geizig ist und stolz.	
Was nützt ihm seine Pracht,	
wenn er dabei nicht glücklich ist.	
Regenbogenfisch,	*3x klatschen.*
komm teil die Glitzerschuppen aus.	*Imaginäre Glitzerschuppen austeilen.*
Regenbogenfisch,	*3x klatschen.*
dann bist du nicht alleine.	*Kinder fassen sich an den Händen.*
3. Der Regenbogenfisch,	*Mit den Händen Fische imitieren.*
er hört auf Oktopus Rat.	
Teilt Glitzerschuppen aus	*Imaginäre Glitzerschuppen austeilen.*
und alle Fische freuen sich.	
Regenbogenfisch,	*3x klatschen.*
du lebst nicht mehr allein im Meer.	*Mit den Händen Fische imitieren.*
Regenbogenfisch,	*3x klatschen.*
die andern mögen dich.	*Kinder fassen sich an den Händen.*

Bewegungsspiele mit Musik

Fische fangen

■ Wenn Piraten auf hoher See sind, müssen sie sich Fische fangen, um wieder etwas Abwechslung in ihren Speiseplan zu bringen und frische Nahrung zu sich zu nehmen. Spielen Sie mit den Kindern diesen Fischfang der Seeräuber: Verteilen Sie Zeitungspapier oder kleine Matten großzügig im Raum oder auf der Spielfläche im Freien. Das sind die kleinen Inseln im großen weiten Meer. Sie können zu diesem Spiel Musik spielen, wie beispielsweise »Aquarium« aus dem Karneval der Tiere von Camille Saint-Saens oder eine andere heitere Melodie. Zwischen den Inseln schwimmen viele kleine Fische, dargestellt von den Kindern. Die Fische bewegen sich durcheinander im Wasser und werden immer munterer. Wenn Sie die Musik anhalten oder ein zuvor vereinbartes Signal geben, müssen die Fische schnell Schutz auf einer Insel suchen, weil sie sonst von den Piraten gefangen werden.

Sie und, je nach Größe der Gruppe, noch ein oder zwei Kinder sind die Piraten. Dazu sollten Sie sich entsprechend verkleiden. Ein Hut, eine Augenklappe, vielleicht auch noch ein großer Ohrring genügen, um Sie als Pirat kenntlich zu machen. Die Piraten tauchen überraschend auf, um die Fische einzufangen. Wird ein Fisch leicht berührt, gilt er als gefangen. Wer allerdings rechtzeitig eine Insel erreicht, um sich dort vor den Piraten zu verstecken, kann nicht mehr gefangen werden. Die gefangenen Fische können entweder ausscheiden, was für sie natürlich ziemlich langweilig ist, oder mit dem Piraten die Rollen und die Verkleidung tauschen.

Piratenjagd

■ Die Kinder falten sich Piratenhüte (s. Gestalten). Sie oder ein Kind sind ein Mitglied der königlichen Schutzgarde, das auf Piratenjagd ist. Die Kinder laufen durcheinander im Spielfeld umher. Sie müssen sich vor dem königlichen Wachsoldaten retten, der die Piraten einfangen und in den Kerker sperren soll. Zum Glück gibt es nur einen Fänger, der sich lautstark ankündigt, indem er laut den altbekannten Kindervers ruft: »Ich habe gefischt und habe gefischt und habe den bösen Piraten erwischt.« Bei »erwischt« berühren Sie ein oder mehrere Kinder, die damit gefangen sind. Die Gefangenen müssen in den Kerker an den Spielfeldrand, wo sie allerdings von ihren Kumpanen wieder befreit werden können. Sie stellen sich dazu breitbeinig hin. Kriecht ein freier Pirat durch die Beine, ist der Gefangene frei und kann wieder mitspielen.

Das Spiel ist temporeich und für den Fänger nicht ganz einfach. Es lässt sich auch mit zwei oder mehr Fängern spielen, wird dann aber auch schnell hektischer und unübersichtlicher. Achten Sie bitte darauf: Kleine Kinder haben häufig noch nicht genügend Frustrationstoleranz, um allein die Schutzgardenfunktion zu übernehmen. Damit ihre Piratenjagd nicht erfolglos bleibt, sollten Sie oder ein größeres Kind helfen.

Kleine Stimmungslieder

Wenn der Wind: Ein rhythmisches Klatschspiel

Melodie: trad.
Text: Petra Brandt

Die Kinder stehen sich paarweise gegenüber. Sie klatschen sich mit Beginn der Melodie nach folgendem wiederkehrenden Schema in die Hände:

1. In die eigenen Hände klatschen.
2. Über kreuz in eine Hand des Gegenübers klatschen.
3. Wieder in die eigenen Hände klatschen.
4. Die andere Hand der Partnerin klatschen.
5. Arme kurz vor der Brust verschränken.
6. Auf die Oberschenkel klopfen.
7. In die eigenen Hände klatschen.
8. Hände kreuzen und auf die Schulter legen.
9. Von Neuem beginnen.

Kleine Muntermacher
Klatschspiele sind traditionelle, von Generation zu Generation weitergegebene Kinderbeschäftigungen. Die Reihenfolge der Bewegungen variiert nur geringfügig und wird meist, wie die Texte, von den Kindern je nach Region und Alter verändert. Kinder lernen bei diesen Klatschspielen, sich zu konzentrieren und ihre Bewegungen zu koordinieren. Außer den hier beschriebenen Grundschlägen kann man noch mit beiden Händen gleichzeitig oder mit überkreuzten Fingern gegeneinander klatschen.

Eine Seefahrt, die ist lustig

Melodie und Text: trad. Schweden und Finnland

2. Unser Koch in der Kombüse, unser Koch die faule Sau,
kocht uns siebenmal die Woche seine Flöhe in Kakao
Holla hi …

Winde wehn, Schiffe gehn

Melodie und Text: trad. Schweden und Finnland

2. Wein doch nicht, lieb Gesicht,
wisch die Tränen ab!
Und denk an mich und an
die schöne Zeit,
bis ich dich wieder hab.

3. Silber und Gold, Kisten voll
bring ich dann mit mir.
Ich bringe Seiden-
und Sammet-, Sammetzeug
und alles schenk ich dir.

■ Diese alten, mündlich tradierten Weisen gehören einfach in das Liedrepertoire jedes Seefahrers. Sie können nach aufregenden Spielabenteuern gesungen werden, damit die Kinder wieder zur Ruhe kommen.

Mitmachgeschichten

Piraten auf hoher See

Die Piraten sind an Bord gegangen. Sie haben ihr Gepäck verstaut und gehen nun alle noch einmal an Deck, um Abschied zu nehmen. Sie winken ihren Freunden, den Eltern und der Liebsten zu *(alle winken)* und rufen laut: »Auf Wiedersehn! Auf Wiedersehn!« Dann machen sie die Leinen los *(imaginäre Leinen werden an Bord geholt und aufgerollt)*. In Landnähe ist der Wind noch nicht stark genug, um die Segel aufzublähen. Deswegen müssen die Piraten erst einmal tüchtig rudern *(Ruderbewegungen)*, dabei rufen sie gleichmäßig immer wieder: »Hauruck, hauruck, ...«
Da kommt endlich ein kräftiger Sturm auf *(alle pusten kräftig und machen Windgeräusche)*.
Das Schiff fängt an zu schlingern, die Piraten geraten ins Wanken *(die Kinder schaukeln auf ihrem Stuhl hin und her)*. Der Käptn ruft: »In den Ausguck, Leute, schaut nach, ob sich das Wetter ändert!« Die Piraten steigen in den Mast *(die Kinder steigen auf die Stühle und halten mit der Hand über den Augen Ausschau)*, der gefährlich wankt *(sie bewegen sich hin und her)*. Der Kapitän hat ein Einsehen. Es ist einfach zu gefährlich, er ruft seine Leute wieder runter *(alle setzen sich wieder auf ihren Stuhl)*. Der Sturm wird immer schlimmer, die Piraten purzeln durcheinander und beschimpfen sich gegenseitig schrecklich, so, wie es nur Piraten tun *(Kinder fallen vom Stuhl und kugeln durcheinander)*. Doch während sie noch dabei sind, ihre Arme und Beine zu sortieren, lässt der Sturm nach. Die Piraten rappeln sich langsam wieder auf und nehmen ihre Plätze wieder ein. Aber dabei gibt es Streit *(Kinder tun so, als wenn sie mit dem Nachbarn um den Platz streiten)*. Da lässt der Kapitän ein Donnerwetter los, und es wird mucksmäuschenstill. Niemand sagt etwas, und auch der Wind hat aufgehört zu wehen. Nur ein paar kleine Wellen plätschern noch gegen das Piratenboot *(mit den Händen leicht auf die Schenkel klopfen)*. Nun müssen die Piraten wieder rudern, ohne Wind kommt das Schiff nicht vorwärts, und es geht wieder von vorne los: »Hauruck, hauruck!«
Nach einer Weile steigen die Piraten in den Mast *(die Kinder steigen auf den Stuhl)* und rufen: »Land in Sicht! Land in Sicht!« Sie steigen schnell herunter und rudern mit aller Kraft an Land.

■ Diese in eine Piratengeschichte abgewandelte Erzählung vom »Pferderennen« können Sie als bewegungsreiche Spielgeschichte gestalten, während die Kinder in ihren Piratenschiffen sitzen.

Piratenpause

■ Das Piratenleben war hart. Aber immer wieder gab es auf hoher See Momente, wo die rauhen Gesellen ausruhen konnten und den Wellen und dem Wind zuhörten. Während sich Ihre kleinen Piraten in ihren Schiffen von Arbeit und Abenteuern erholen, spielen Sie eine ruhige, meditative Musik der Klassik (Camille Saint-Saens, Claude Debussy, Friedrich Smetana) oder Moderne (Jean-Michel Jarre). Lassen Sie die Kinder erzählen, was sie hören: Das Spiel der Wellen, das Rauschen des Windes, die Bewegungen der Wasserpflanzen, den Schrei der Möwen, muntere Fischschwärme. Vielleicht spielen ein paar Kinder Fische, die um die Piratenschiffe herumschwimmen. Sie können dazu auch Musikinstrumente einsetzen. Vereinbaren Sie mit den Kindern:

- Wenn Sie das große Becken schlagen, tauchen Walfische auf und schwimmen um die Segelschiffe herum.
- Bei den Klanghölzern erscheinen Krebse.
- Beim Einsatz des Metallophons verwandeln sie sich in Delphine.

Unser Piratenboot

Melodie und Text: Fredrik Vahle
Bearbeitung: Petra Brandt

Bearbeitung des Liedes »In Paule Puhmanns Paddelboot«, aus: Das Buch mit dem Friedensmaler, Aktive Musik Verlagsgesellschaft mbH, Dortmund, 1998.

■ Dieses Lied eignet sich als Tagesausklang oder für das Spielende.

Gemeinschaftsspiele

Auf Piratenreise

■ Die Kinder fassen sich an den Händen und bilden an Stelle eines Kreises die Grundform eines Schiffes, mit dem sie alle auf die Reise gehen. Das ist nicht einfach, weil sich die Kinderreihe nur mit Mühe und Einfühlungsvermögen vorwärts bewegen kann.
Warten Sie ab, wie die Kinder das Problem lösen. Lassen Sie den Kindern Zeit, das Spiel selbst zu gestalten. Zu überlegen: Wo geht die Reise hin? Was passiert unterwegs? Gibt es Passagiere? Was tun die? Wer übernimmt auf dem Schiff welche Funktionen? Beobachten Sie dabei: Gibt es Absprachen zwischen den Kindern? Übernimmt ein Kind das Kommando? Wie sind die Rollen verteilt? Was wissen die Kinder schon alles über das Thema? Welche Aktionen bevorzugen die Kinder? Wo gibt es Lücken, die Sie später füllen können? Wo sollten Sie noch Impulse geben?

Das Schiff hat ein Leck

■ Bei einem Schiffbruch müssen die Seeleute froh sein, wenn eine rettende Insel in der Nähe ist. Zeichnen Sie Kreise oder legen Sie Zeitungspapier als kleine Inseln auf den Boden. Es muss allerdings eine Insel weniger sein, als Kinder mitspielen. Wenn Sie rufen: »Das Boot hat ein Leck!« müssen sich alle Kinder schnell an Land retten, wobei nur jeweils ein Kind auf eine Insel darf. Wer keinen Platz findet, ruft in der nächsten Runde: »Das Boot sinkt!«

Schiffbruch im Eismeer

■ Die Piraten geraten im Eismeer in Seenot und müssen sich auf eine Eisscholle retten. Die Scholle besteht aus einem großen Papierbogen, auf dem alle Kinder Platz finden. Nun treibt das Eis mit der Strömung in den Süden und schmilzt langsam zusammen, indem Sie Stücke aus dem Papier abreißen. Die Kinder müssen sich so lange wie möglich auf der kleiner werdenden Eisplatte halten und sich gegenseitig dabei unterstützen. Wer konnte sich als letzter retten? Wieviel Piraten überlebten auf der Eisscholle? Wie konnten sie sich halten? Wie lange konnten sie sich untereinander helfen?

Das rettende Ruderboot

■ Gestrandete Piraten haben auf einer einsamen Insel ein Ruderboot entdeckt, mit dem sie sich retten können. Sie setzen sich hintereinander auf den Boden, immer ein Pirat zwischen den Beinen des nächsten.
Der Kapitän gibt Anweisungen:

- Schnell rudern, es kommt eine große Welle.
- Es herrscht kräftiger Gegenwind, langsam rudern.
- Ein Unwetter kommt auf, alle legen sich flach ins Boot.
- Ein Haifisch nähert sich, keiner bewegt sich.
- Alle sind erschöpft und fallen in sich zusammen.

Die Kinder denken sich weitere Spielvariationen aus.

Piratennamen ausdenken

■ Die Piraten trugen seltsam klingende Namen. Sie nannten sich Captain Kidd, Rotbart, der rote Korsar, Schrecken der Meere. Ihre wahren Namen gerieten darüber oft in Vergessenheit. Besprechen Sie, wie die Piraten zu ihren Spitznamen kamen. Knüpfen Sie auch an die Kenntnisse der Kinder an und fragen Sie, wer einen Spitznamen hat und wie es dazu kam. Dann beraten immer mehrere Kinder, welchen Piratennamen sie sich zulegen wollen. In einer gemeinsamen Gesprächsrunde werden die neuen Namen vorgestellt und die Wahl begründet.

Schwarzbart hat Kekse geklaut

■ Die Namen prägen sich auch durch folgendes Spiel ein:
Alle: Schwarzbart hat die Kekse aus der Dose geklaut.
Schwarzbart: Wer, ich?
Alle: Ja, du!
Schwarzbart: Nein, Lilly hat die Kekse aus der Dose geklaut!
Alle: Lilly hat die Kekse aus der Dose geklaut!
Lilly: Wer, ich? usw.
Die Sätze werden rhythmisch wie ein Sprechgesang aufgesagt: Am Anfang, wenn die Kinder das Spiel noch nicht kennen, fangen Sie mit dem Spiel an.

Spiel mit Papierschiffen

Papierflotte im Wasserbad

■ Piratenschiffe aus Papier, Schüsseln mit Wasser oder ein Planschbecken: das reicht schon aus, um Kinder lange Zeit in Atem zu halten. Lassen Sie zunächst die Kinder selbst Spielideen entwickeln, bevor Sie Anregungen geben. Die Papierflotte können sie

- durch Pusten bewegen.
- mit Muscheln, Sand oder Steinen beladen und dabei testen, wie viel Fracht Papierschiffe tragen.
- in Werften reparieren.
- in Seeschlachten und Piratenüberfälle verwickeln.
- auf Unterwassertauglichkeit prüfen.

Ich sehe eine Insel

■ Sie werden das Spiel kennen, das jetzt in ein Piratenspiel verwandelt wird: Mehrere Kinder sitzen mit Fernrohren im Piratenboot. Das erste Kind schaut in die Ferne und sagt: »Ich sehe eine Insel, die du nicht siehst …« Dann beschreibt es die Insel, die anderen müssen raten, welcher Gegenstand gemeint ist. Wer die Insel zuerst entdeckt, ist an der Reihe.

Backbord und Steuerbord

■ Die Kinder spielen mit selbst gefalteten Schiffen im Wasser.
Sie oder ein Kind geben die Kommandos. Zum Beispiel:
Backbord: Die Schiffe segeln links.
Steuerbord: Die Schiffe steuern nach rechts.
Bug: Zwei Kapitäne treffen mit der Vorderseite ihrer Schiffe aufeinander.
Heck: Die Enden zweier Schiffe stoßen zusammen.
Vor diesem Spiel müssen Sie die Kinder nicht nur mit den Begriffen aus der Seefahrt vertraut machen, sondern mit ihnen auch rechts und links unterscheiden üben. Dabei können farbige Zeichen auf den Händen und Schiffen helfen.

Nach Schätzen tauchen

■ Die Kinder füllen kleine Filmdosen mit Schätzen, ohne zu verraten, was es ist. Die Schätze werden dann im »Meer« (Planschbecken) versenkt. Die Piraten tauchen nach den Schätzen oder bergen sie mit einem Käscher.

Schiffe versenken

■ Die Papierschiffe schwimmen im Schwimmbassin oder in einer großen Wanne. Mit kleinen Softbällen als Kanonenkugeln versuchen die Piraten, möglichst viele Schiffe zu versenken. Sie können aus diesem Spiel auch einen Wettkampf machen: Mehrere kleinere Gruppen versuchen, die Flotten der Gegner zu versenken.

Variante: Die Kinder haben Spritzpistolen und versuchen damit die Schiffe zu treffen. Wenn Sie das Wasser mit Lebensmittelfarbe färben, sieht man die Treffer ganz genau.

Schatz bewachen

■ Ein Pirat sitzt auf seinem Schiff, dessen Umrisse mit einem Seil dargestellt werden, und bewacht auf dem Deck verstreute Goldtaler. Fremde Piraten versuchen, die Goldstücke zu stehlen, ohne über das Seil zu treten. Sie müssen aber aufpassen, dass der Pirat ihnen nicht auf die Finger klopft. Der Pirat muss darauf achten, dass er nicht berührt und damit gefangen wird.

Der Klabautermann kommt

■ Die Kinder halten mehrere zusammengenähte Bettlaken an den Rändern fest und bewegen sie kräftig. Sie haben den Kindern zuvor ins Ohr geflüstert, wer Klabautermann und wer Pirat ist. Wenn Sie rufen: »Der Klabautermann kommt!«, wird das Tuch in die Höhe gehoben und die Piraten verstecken sich schnell darunter. Entsprechend verschwinden die Klabautermänner, wenn die Piraten kommen.

Boot in Seenot: Ein Fingerspiel

Die Glocken läuten auf dem Turm,
läuten Abend Sturm.
Dunkel ist der Himmel.
Bammel, bammel, bimmel.
Ein klitzekleines Boot
gerät in Meeresnot.
In haushohen Wellen
droht es zu zerschellen.
Der Sturm macht plötzlich schlapp,
die Wolken ziehen ab.
Kommt endlich die Sonne raus,
sieht das Meer gleich freundlich aus.
Jetzt gleitet durch die Nacht,
das Boot ganz sanft und sacht.

■ Entwickeln Sie die Bewegungen für das Fingerspiel im Gespräch mit den Kindern. Fingerspiele leiden häufig darunter, dass Pädagoginnen ihnen feste Formen geben und der kindlichen Fantasie damit keinen Freiraum mehr lassen.

Piratenspiele im Freien

Stinktopfwerfen

■ Um ihre Feinde außer Gefecht zu setzen, warfen die Piraten Stinktöpfe in die Boote. Das waren Flaschen, die mit einer übel riechenden Flüssigkeit gefüllt waren. Mit einem solchen Stinktopf genau zu treffen ist nicht ganz einfach, aber Übung macht bekanntlich den Meister. In ein Wasserbecken oder eine größere Wanne stellen Sie eine Plastikschüssel, die ein Boot darstellt. Die Kinder stehen am Beckenrand und werfen Softbälle oder mit Wasser gefüllte Luftballons in die Boote.

Variante:
Im Sommer, wenn die Kinder Badezeug tragen können, werden zwei Gruppen gebildet. Jede Gruppe bekommt einige Luftballons, einen Eimer Wasser und einen Trichter. Auf ein Zeichen bombardieren sich die beiden Gruppen mit ihren Stinkbomben, die sie zuerst mit Wasser füllen müssen.

Ebbe und Flut

■ Die Piraten gehen auf ihrem Schiff ihrer Arbeit nach. Sie laufen umher und schauen, ob alles in Ordnung ist. Plötzlich ruft der Kapitän: »Ebbe!« Nun werfen sich alle auf den Boden, da das Schiff auf eine Sandbank aufgelaufen ist und festliegt. Ruft der Kapitän »Flut!«, steigt das Wasser. Jetzt müssen sich die Piraten auf den Mast oder auf andere Schiffsaufbauten retten, um nicht nass zu werden. Wenn das Wasser wieder sinkt, gehen die Piraten an Deck. Das Spiel kann mit Musik begleitet werden.

Schatzsuche

■ Die Piraten konnten ihre großen Schätze nicht immer auf ihren Schiffen mit sich führen. Deshalb versteckten sie Gold und Edelsteine an Land. Vergraben Sie einen Schatz mit Schokoladentalern im Außengelände, den die Kinder mit einer Schatzkarte finden müssen.
Variante: Lassen Sie die Kinder mehrere Gruppen bilden, die Schuhkartons mit Murmeln, schönen Steinen und Süßigkeiten füllen und dann im Außengelände verstecken. Jede Gruppe versucht nun, die Schätze der anderen zu entdecken.

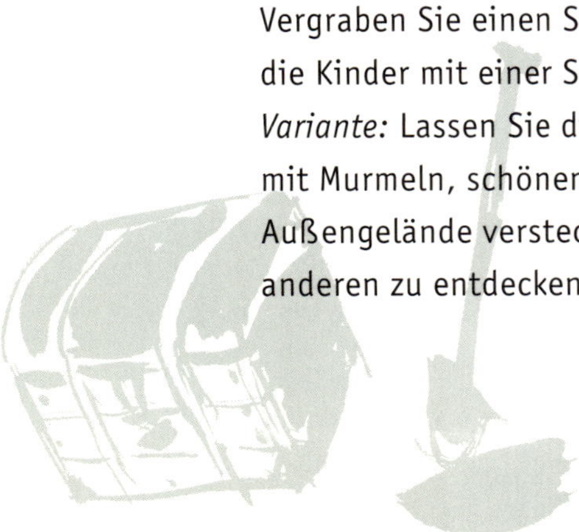

In den Seilen hängen

■ Drei Kinder nehmen ein etwa fünf Meter langes Seil und knoten es an den Enden zusammen. Sie legen sich das Seil in Hüfthöhe um und spannen es, in dem sie langsam auseinander gehen. Jetzt können sich die Kinder vorsichtig »in die Seile hängen«, indem sie den Oberkörper vorsichtig nach hinten beugen.

Auf den Schiffsplanken balancieren

■ Ein dickes Seil stellt die Schiffsplanken dar, auf denen die Piraten balancieren müssen. Die Kinder stellen sich in zwei Gruppen an den Seilenden auf und laufen nacheinander los. In der Mitte des Seils müssen sie aneinander vorbei, ohne dabei ins Wasser zu fallen.

Fangen auf der Schiffsplanke

■ Ein Pirat mit einem Hut rennt über das Schiffsplanken-Seil. Ein anderes Kind verfolgt ihn, um ihm seinen Hut zu entwenden. Dabei müssen beide aufpassen, dass sie nicht ins Wasser fallen.

Rettungsseil

■ Alle Piraten sitzen auf dem Boden. Sie halten ein dickes Seil in den Händen, das straff gespannt sein muss. Jeder Pirat zieht jetzt so stark am Seil, dass dadurch die anderen Piraten mitgerissen werden und loslassen, aufstehen oder umfallen. Das Seil kann auch hinter dem Rücken gehalten werden.

Kriegsspiele in der Kita
Eigentlich sollte die Kita eine waffenfreie Zone sein. Doch Kinder haben schon immer gerne Räuber und Gendarm gespielt. Solche Rollenspiele helfen mitunter, Aggressionen einzudämmen und in geordnete Bahnen zu lenken. Denken Sie zumindest darüber nach, ob Sie aus gegebenem Anlass und in überschaubarem Rahmen solche kriegerischen Spiele nicht doch erlauben. Vielleicht ist die Beschäftigung mit dem Thema Piraten auch eine Gelegenheit, sich mit Gewalt und Waffen auseinander zu setzen.

Piratenprüfung

■ Wer zur See fährt, muss geschickt sein und sich auch auf einem schwankenden Schiff gut bewegen können. Um von den Piraten aufgenommen zu werden, müssen Landratten beweisen, dass sie

- auf einem Seil balancieren können.
- auf einer umgedrehten Bank oder einem Baumstamm laufen können.
- an einem im Baum hängenden Seil schwingen können.
- einen festen Knoten machen können.
- sich bei stürmischer See in ihrem Tischboot aufrecht halten können, das von den Pädagoginnen vorsichtig geschaukelt wird.
- auf einen Mast klettern können.
- Steuerbord und Backbord unterscheiden können.

Spiele an Bord

Armdrücken

■ Piraten waren leidenschaftliche Spieler. Sie versuchten ihr Glück mit Karten und Würfeln, oder sie forderten sich zum Kräftemessen heraus. Beliebt war vor allem das Armdrücken. Zwei Kinder sitzen sich gegenüber, geben sich die Hand und stellen die Ellenbogen eng nebeneinander auf die Tischplatte. Wer den Arm der Gegnerin auf den Tisch drückt, hat gewonnen.

Fingerhakeln

■ Zwei Piraten sitzen sich gegenüber. Die gekrümmten Zeigefinger oder Ringfinger werden miteinander verhakt und auf die Tischmitte gelegt. Auf Kommando des Kapitäns versucht jeder Spieler, seinen Gegner auf seine Seite zu ziehen.

Mundwinkelziehen

■ Zwei Piraten stehen nebeneinander. Sie stecken den Zeigefinger der äußeren Hand in den Mundwinkel des Nebenmanns und ziehen daran. Das Spiel sollten Sie nur machen, wenn Sie sich darauf verlassen können, dass die Kinder fair und behutsam miteinander umgehen. Sobald es auch nur leicht weh tut, wird das Spiel beendet. In den seltensten Fällen kommt es jedoch zu Übergriffen, da Kinder das Spiel normalerweise äußerst witzig finden und vor lauter Lachen nicht ziehen können.

Takelage entwirren

■ Besorgen Sie für jeweils zwei Kinder etwa zehn Meter Kordel, Tau oder dickes Paketband. Bringen Sie die Seile in einem großen Haufen durcheinander und lassen Sie die Piraten das Knäuel entwirren.

Figuren legen

■ Zwei Kinder spielen zusammen. Eines legt mit einem dicken Tau eine Figur, das andere Kind tastet sie mit geschlossenen Augen ab und legt sie dann immer noch blind nach. Anschließend prüfen die Kinder, ob die Nachbildung gelungen ist und tauschen die Rollen.
Variante: Ein Kind legt eine Kordelfigur, das andere formt sie mit dem Körper nach.

Kopf oder Leben

■ Alle Piraten sitzen im Kreis. Ein Pirat oder eine Piratin wirft eine Münze und ruft: »Kopf oder Leben!« Fällt die Münze so, dass der Kopf zu sehen ist, müssen alle mucksmäuschenstill sein. Die Seite ohne Kopf bedeutet »Leben«. Ist sie zu sehen, machen die Piraten einen Höllenlärm. Das Spiel macht am meisten Spaß, wenn es schnell gespielt wird. Wer einen Fehler macht, wird für eine Weile eingesperrt und setzt ein paar Runden aus, oder er zahlt ein Pfand.

Menschenknoten entwirren

■ Die Kinder stehen in einem großen Kreis. Sie gehen langsam zur Mitte aufeinander zu und greifen dabei nach Händen von den Kindern, die möglichst nicht zu nah beieinander stehen. So entsteht ein wirrer Menschenknoten. Nun beginnt die schwierige Aufgabe, die nur von pfiffigen Piraten zu lösen ist: Die Kinder sollen den Knoten wieder entwirren, dürfen dabei aber nicht die Hände voneinander lösen.

Goldtalerbillard

■ Viel Platz zum Spielen war auf den Segelschiffen nicht. Die Seeleute erfanden daher eine Art Mini-Billard. Jeder Pirat legt drei Münzen mit einem kleinen Abstand voneinander zu einem Dreieck auf den Tisch oder Boden. Nun muss jeder versuchen, das Geldstück eines anderen zu treffen, indem er eines seiner Münzen durch zwei andere schnippt.
Gelingt ihm dies, darf er ein eigenes und das gegnerische Geldstück vom Tisch nehmen. Dann ist der nächste Spieler dran.

Ich bin der Kapitän: Ein Fingerspiel für die Kleinen

Der sagt: Ich bin ein Kapitän!
Der sagt: Ich bin ein Koch, das kann man sehn!
Der sagt: Ich bin ein Maat!
Der sagt: Und ich bin der schreckliche Pirat!
Der kleinste sagt: Ich glaub, ihr spinnt.
Man sieht doch, dass wir Finger sind!

Erzählspiele

Klabautermann und seine Töchter: Eine Mitmachgeschichte

■ *Auf einem großen Piratensegelschiff hielten sich heimlich ein gruseliger Klabautermann , seine dumme Tochter mit dem Holzbein , die hässliche Tochter, die alles so schrecklich findet und seine kleine Tochter mit der piepsigen Stimme versteckt. Nur nachts, wenn die Piraten schliefen, trauten sich der gruselige Klabautermann , seine dumme Tochter mit dem Holzbein , die hässliche Tochter, die alles so schrecklich findet und seine kleine Tochter mit der piepsigen Stimme an Deck. Sie schlichen leise umher und heckten böse Streiche aus. »Ich säge den Mast an«, sagte der gruselige Klabautermann . »Ja, das wird ein großer Spaß, wenn das Schiff dann nicht mehr segeln kann«, sagte die kleine Tochter mit der piepsigen Stimme . »Und was passiert dann mit uns?«, fragte die hässliche Tochter, die alles so schrecklich findet . Die dumme Tochter mit dem Holzbein wollte von solchen Streichen gar nichts wissen. »Ich will endlich an Land«, sagte sie, »ich will nicht mehr mit einem Vater zusammen leben, der ein gruseliger Klabautermann ist und auf Schiffen herumspukt. Ich, die dumme Tochter mit dem Holzbein , bin gar nicht so dumm, denn ich will runter von diesem blöden Piratenschiff und einen netten Mann heiraten. Und meine Schwestern, die mit dem Holzbein und die, die alles so schrecklich findet , kann ich auch nicht mehr sehen.« Da wurde der gruselige Klabautermann wütend: »Du dumme Tochter mit dem Holzbein , du wirst keinen netten Mann heiraten, sondern einen Piraten. Und du wirst auch nicht das Schiff verlassen. Wer soll denn nachts das ›tack, tack, tack‹ machen? Deine hässliche Schwester, die alles so*

Kinder mögen Wiederholungen
Kinder hören gerne immer wieder die gleichen Mitmachgeschichten. Sie freuen sich, wenn sie wissen, an welcher Stelle was passiert. Deswegen ist es auch wichtig, dass die Geschichten sprachlich nicht verändert werden. Kinder passen ganz genau auf und korrigieren notfalls. Durch Mitmachgeschichten lernen die Kinder aufmerksam zuzuhören, schnell zu reagieren, ihren Körper zu beherrschen, fantasievoll Rollen zu verkörpern und sich im Spiel mit anderen Kindern sozial zu verhalten.

schrecklich findet, kann nur jammern, und deine kleine Schwester mit der piepsigen Stimme kann auch niemandem so richtig einen Schrecken einjagen. Also bleibst du hier. Punkt aus.« Da weinte die dumme Tochter mit dem Holzbein ganz bitterlich. Und ihre beiden Schwestern und der gruselige Klabautermann versuchten, sie zu beruhigen. Sie versuchten es mit Schimpfen, Trösten, Anschreien, nichts half. Und während sie sich so um die dumme Tochter mit dem Holzbein bemühten, merkten sie nicht, dass ein heftiger Sturm aufkam. Der Sturm kam so plötzlich und war so stark, dass das Schiff zu schlingern begann. Zuerst stürzte der gruselige Klabautermann und dann seine drei Töchter.

Dabei verhedderten sie sich vollständig und machten soviel Lärm, dass die Piraten wach wurden und an Deck stürzten. Die sahen die ineinander verschlungenen Klabautermänner und -frauen: den gruseligen Klabautermann, die dumme Tochter mit dem Holzbein, die hässliche Schwester, die alles so schrecklich findet und die kleine Schwester mit der piepsigen Stimme. Sie fesselten die Bande blitzschnell und warfen einen nach dem anderen über Bord. Erst den gruseligen Klabautermann, dann die dumme Tochter mit dem Holzbein, danach die hässliche Schwester, die alles so schrecklich findet, und schließlich die kleine Schwester mit der piepsigen Stimme.

Die Piraten waren nun endlich ihre nächtlichen Störer los. Aber da Klabauterleute unsterblich sind, hörten sie von Ferne immer noch die Geräusche:

.

Erst noch ganz laut: und dann immer leiser

■ Während Sie die Geschichte erzählen, machen die Kinder an der mit gekennzeichneten Stelle das entsprechende Geräusch:
Der gruselige Klabautermann macht »huhuh, huhuh«,
die dumme Tochter mit dem Holzbein »tack tack, tack tack«,
die hässliche Tochter, die alles schrecklich findet »o nein, o nein«,
und die kleine Tochter mit der Piepstimme »piep, piep«.

Die Piraten und der Zauberdrache

Paff, der Zauberdrache

Text und Spielidee aus Ulrich Baer: Gruppe & Spiel, Kallmeyersche Verlagsbuchhandlung, Seelze 4/1998.

Und lockte sie die Ferne,
schwamm Paff bis nach Shanghai,
von seinem Rücken rief dann laut
der Jackie froh »Ahoi!«
Die Schiffe der Piraten, die
nahmen gleich reißaus,
und alle riefen »Paff in Sicht!
Wir segeln schnell nach Haus.«
Refrain

Ein Drache, der lebt ewig,
doch kleine Jungs, oh nein.
Und so kam für den Paff der Tag,
und er war ganz allein,
Jackie kam nie wieder.
Einsam lag Paff am Strand
und hob mit seinem Drachen-
schwanz hoch in die Luft den Sand.
Refrain

Er weinte Drachentränen.
Traurig war sein Blick.
Doch seine Tränen brachten ihm
den Jackie nicht zurück.
Weil er mit Klein Jackie den
besten Freund verlor,
schloss er sich in die Höhle ein
und kam nie mehr hervor.
Refrain

Die Suche nach dem Zauberdrachen

■ Kindern macht es sehr viel Freude, Feste zu gestalten. Manchmal ist es aber auch schön, wenn die Pädagoginnen ein Fest für die Kinder planen und sie mit guten Ideen zum Mitmachen motivieren. Als Leitmotiv für ein solches Piratenfest können Sie die Geschichte vom Zauberdrachen Paff nehmen, der seinen Freund verloren hat und sich voll Trauer in seine Höhle vergräbt. Erzählen Sie den Kindern die Geschichte von Paff. Sie können sie mit den Vorlagen aus dem Serviceteil illustrieren, die Sie auf Folien für einen Overheadprojektor ziehen oder als Schattenfiguren ausschneiden. Singen Sie dann mit den Kindern das Lied, bis sie es auswendig können. Dann machen Sie sich mit den kleinen Piraten auf den Weg, den armen Drachen zu erlösen.

Die Seekarte

■ Zeichnen Sie eine fantasiereiche Karte von Ihrer Einrichtung mit Hinweisen auf die Lage der Höhle. Zerschneiden Sie die Karte und verstecken Sie die Teile. Die Kinder suchen zunächst die Karte und setzen sie zusammen.

Fahrt zur Dracheninsel

■ Bevor es jetzt so richtig losgeht, müssen die Piraten zur Dracheninsel segeln. Sie machen ein Boot aus Kartons oder einem Tisch seeklar und packen alle wichtigen Dinge, wie Karte, Waffen und Proviant, ein. Die Seereise kann beliebig ausgedehnt werden. Lassen Sie Segel setzen, Schiffe ausräubern, singen, spielen und essen. Auch Abenteuer müssen bewältigt werden: Ein Klabautermann wird gefangen, Meerjungfrauen wollen tanzen, es gibt feuerspeiende Vulkane aus roten und gelben Papierstreifen und heftige Stürme.

Wo ist die Höhle?

■ Machen Sie es den Kindern nicht zu leicht, die Höhle zu finden. Halten Sie auf dem Weg durch das ganze Haus immer wieder inne, vielleicht kann man Paff Feuer spucken oder weinen hören? Vielleicht entdecken die Kinder Spuren? Die Drachenhöhle kann eine Besenkammer sein oder ein mit Tüchern verhängter Tisch.

Paff schließt Freundschaft

■ Die Piraten beraten in kleinen Gruppen, wie sie Paff aus der Höhle locken können. Sie könnten ein Lied singen, ein Gedicht aufsagen oder einen Tanz vorführen. Die Piraten haben allerdings nur drei Versuche. Wenn Paff schließlich bei der dritten Aufführung seine Höhle verlässt, machen alle einen Freudentanz oder eine Polonaise über die Insel.

Das Piratengelage

Der große Festschmaus

■ Nach ihrer aufregenden Seefahrt feiern die Piraten ihre erfolgreiche Heimkehr an einer langen Tafel. Wahrscheinlich haben Sie im Laufe des Piratenprojektes den ganzen Gruppenraum zum Piratenschiff umfunktioniert. In der Mitte steht ein Mast mit einem Segel und einer Piratenfahne, und Wimpelketten aus buntem Faltpapier durchziehen den Raum. Zum Dekorieren eignen sich Fischernetze voller Strandgut, mit Goldfolie beklebte Schatzkisten, selbst gemalte See- und Weltkarten, aus Papier gefaltete Schiffe, Segel aus alten Bettlaken, Kerzenhalter aus Flaschen, Seeungeheuer aus Bändern und Laken, Laternen und Windlichter.

Da Piraten keine guten Manieren haben, geht es bei einem solchen Festessen natürlich hoch her. Die ungehobelten Gesellen trinken aus der Flasche, schmatzen und essen mit den Fingern. Bevorzugt wird ein einfaches, deftiges Essen: Bohnensuppen, Eintöpfe, Kartoffeln und gewürzte Fleischstreifen. Natürlich darf auch der Schiffszwieback nicht fehlen.

Serviettenboote

■ Eine Serviette liegt mit der geschlossenen Seite nach oben vor Ihnen. Die untere Ecke wird zu einem Kopftuch nach oben gefaltet. Beide Flügel nach unten falten, dass die Spitzen über die Seiten ragen. Die überhängenden Zipfel nach hinten falten, das Ganze in Form eines Bootes zusammenklappen. Aus der Mitte des Segelbootes die vier Spitzen als Segel heraus ziehen.

Eine alte Schatzkarte

■ Eine große Schatzkarte kann eine Wand des Raumes oder die lange Tafel schmücken. Die Kinder malen auf dickes weißes Papier eine Fantasielandschaft, tragen geheimnisvolle Zeichen ein und machen ein großes Kreuz an die Stelle, wo ein Schatz versteckt ist. Damit die Schatzkarte alt aussieht, wird sie mit feuchten Teebeuteln eingerieben, vorsichtig zerknittert und wieder glatt gestrichen sowie an den Rändern eingerissen. Sie können aber auch im Haus oder Außengelände einen Schatz verstecken und auf einer »echten« Schatzkarte eintragen, den die Kinder zum Abschluss der Feier suchen.

Piratenschiffe

Zutaten: Gurken, Scheiblettenkäse und Schaschlikspieße

■ Die Gurken werden halbiert und in der Mitte ausgehöhlt. Die Käsescheiben in Dreiecke teilen und als Segel auf einen Schaschlikstab spießen. Das Boot kann mit Salat gefüllt werden.

Süße Kanonenkugeln

Zutaten: Marzipanrohmasse, Puderzucker, Rosenwasser, Kakao

■ Das Marzipan oder preiswerteres Persipan mit Puderzucker und etwas Rosenwasser verkneten. Zu Kugeln rollen und durch Kakao wälzen. Aus Marzipan kann man auch Seeungeheuer oder Schiffe formen und mit Lebensmittelfarbe einfärben.

Letzte Rettung Marzipan
Es wird berichtet, dass es in der alten Hansestadt Lübeck während einer Belagerung durch die Wikinger nur noch Säcke voller Mandeln und Zucker gab. In ihrer Not mischten die Einwohner die Zutaten und erfanden so das Marzipan. Die pfiffigen Hanseaten verteilten es auch an die Wikinger, die daraufhin die Belagerung aufgaben. Sie dachten, dass eine Stadt, die solche Köstlichkeiten besitzt, nicht auszuhungern sei.

Indische Bananensuppe

■ 3 kleine Zwiebeln kleinhacken, in etwas Fett glasig dünsten.
3 weiche Bananen zerdrücken,
1 Liter Wasser hinzufügen und mit den Zutaten kurz aufkochen.
1 Becher Sahne zur Hälfte in die Suppe gießen, die andere Hälfte schlagen und zum Schluss unterziehen.
Mit Ingwer und Curry würzen.
Man kann die Suppe auch mit Zimt statt Curry abschmecken.

Piratenkakao

■ 100 g Kakaopulver, 200 g Maizena, 2 EL Öl, 250 g flüssigen Honig und 1 Liter lauwarmes Wasser miteinander vermischen und kurz aufkochen.

Seeräuberbrause

■ Apfelsinen- und Zitronensaft mit Zucker verrühren, mit Mineralwasser langsam aufgießen. Zum Nachtisch gibt es süße Südfrüchte: Melonen, Äpfel, Ananas, Mangos.

Bunte Götterboote

■ Unbehandelte Orangen waschen, halbieren und aushöhlen. Zwei Packungen Götterspeise mit etwas weniger Flüssigkeit als angegeben zubereiten, in die Orangenhälften füllen und kalt stellen. Ist die Masse steif, werden die Boote halbiert und als Schiffe dekoriert.

Stoffsammlung

Damit Sie die Übersicht behalten: Stellen Sie sich hier Ihr eigenes Projekt zusammen.

Forschen und Entdecken

Gestalten

Bewegen und Musizieren

Spielen

Feiern

Vertragsentwurf für Spielaktion

Absprachen über die Zusammenarbeit	
Einrichtungen/Institutionen:	– Kita Gutshof und Sparkasse Groß Weeden
AnsprechpartnerInnen:	– Petra Brandt (Kita), – Martin Meier (Sparkasse)
Vorhaben:	– Durchführung eines Projekttages mit Kindern, Programm nach Absprache. – Pressemitteilung, Information der Öffentlichkeit durch die Kita Gutshof – Malwettbewerb »Piraten« für Kinder der Sparkassenbesucher
Zeitlicher Rahmen:	– 08. Februar 2000, 9.00 - 12.00 Uhr
Finanzieller Rahmen	– Ungefähre Kosten der Veranstaltung (für Material etc.) und Kostenträger
Geplantes Vorgehen:	– Gemeinsames Spielen, Singen, Gestalten in einem Teil der Eingangshalle – Aufstellen von Plakatwänden – Verteilen von Handzetteln (mit Logo der Sparkasse) – Info- und Gesprächsecke
Aufgaben der Tagesstätte:	– Dekoration der Örtlichkeiten am Tag vorher – Planung und Strukturierung des Tages – Bereitstellung des Materials – Information der regionalen Presse – Verwendung des Sparkassenlogos auf allen schriftlichen Informationen – Organisation eines Malwettbewerbs für Kinder von Sparkassenbesuchern
Sonstiges:	– Weitere Absprachen werden Ende Januar zwischen Sparkasse und Einrichtung getroffen.
Unterschrift:	*P. Brandt und M. Meyer*
Ort/Datum:	*Groß Weeden, den 22.02.2000*

Kopiervorlage für Piratenspiel

Spielanleitung

■ Übertragen Sie die Karte mit den Kindern auf einen mindestens DIN A3-großen Papierbogen. Zeichnen Sie vier Spielrouten mit jeweils 30 Feldern ein, von denen fünf mit einem Totenkopf markiert sind.
Die Kinder basteln aus Fimo oder Papier Piratenboote. Vier Kinder stellen ihre Boote an den Anfang der Reiserouten und beginnen der Reihe nach zu würfeln. Gezogen wird entsprechend der Augenzahl der Würfel auf den jeweiligen Farbfeldern. Landet jemand auf einem Totenkopf, muss er eine Runde aussetzen. Am Reiseziel wartet eine kleine Schatzkiste auf den schnellsten Pirat. Die Kinder können Spielplan und Spielregeln verändern und beliebig erweitern.

Problemsuche im Team

■ Warum gibt es in bestimmten Situationen immer wieder die gleichen Probleme? Suchen Sie mit Ihren Teamkollegen an einem konkreten Fall nach den Ursachen und Lösungen. Mit der »Problemwolke« können Sie gezielt Konfliktpunkte herausarbeiten und grundsätzlich diskutieren. Nehmen Sie die Kopiervorlage und füllen Sie gemeinsam die Felder aus.

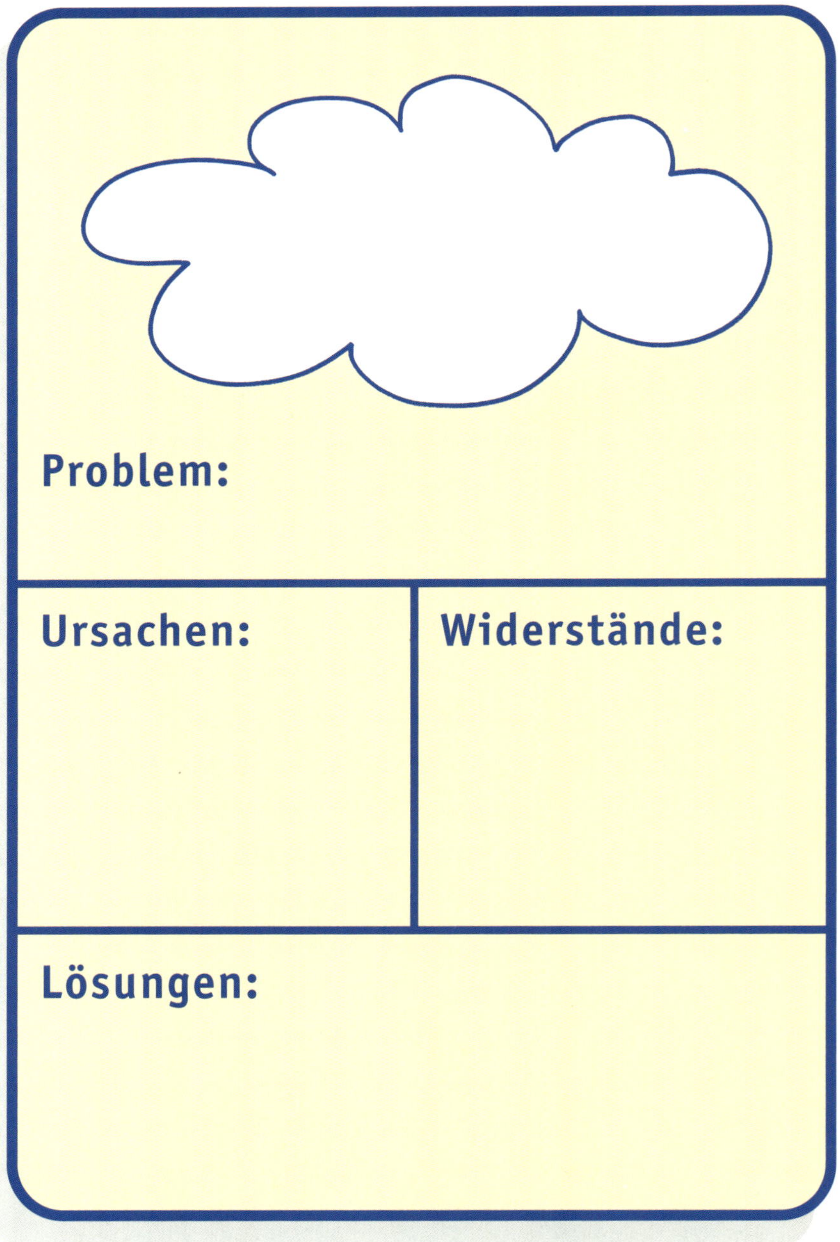

Textbeispiel

Wolke:
- Piratenprojekt

Problem:
- Es stehen nicht alle hinter dem Projekt

Ursachen:
- Es scheint sehr aufwändig zu werden
- Es ist ein Modethema
- Ich habe keine Ahnung von solchen Sachen
- Stress

Widerstände:
- Lustlosigkeit
- Flucht in Krankheit
- Ausreden
- Beeinflussung der Kinder
- Stimmungsmache der Eltern

Lösungen:
- Rechtzeitig gemeinsame Absprachen treffen
- Ressourcen der einzelnen Teammitglieder erforschen und zielgenau einsetzen
- Vernünftiger Umgang mit der Zeit: weniger Programmpunkte

Projektauswertung

■ Mit der »Hand« können Sie Ihr Projekt auswerten. Geben Sie Ihren Kolleginnen eine Kopie mit der Bitte, in die einzelnen Finger ihre Bemerkungen zu folgenden Punkten einzutragen:

Daumen: Das werde ich mir für die Zukunft merken!
Zeigefinger: Diese Dinge sollten künftig anders gemacht werden!
Mittelfinger: Hier hatte das Projekt Lücken!
Ringfinger: Das war das absolut Beste!
Kleiner Finger: Dieser Projektteil hat mir am besten gefallen!

Die Blätter werden anschließend an eine Pinnwand geheftet, diskutiert und ergänzt. Ein großes Plakat mit dem Gesamtergebnis kann gut sichtbar im Personalraum aufgehängt werden.

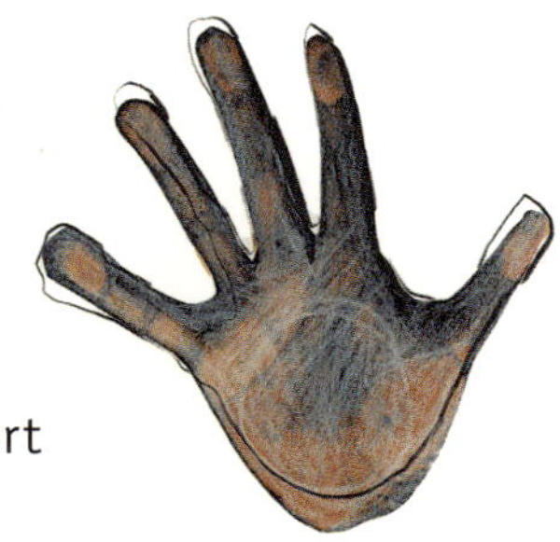

Kopiervorlage Paff und seine Freunde

■ Vergrößern und kopieren Sie die Vorlagen für die Geschichte von dem Zauberdrachen Paff auf Folien für einen Tageslichtprojektor. Sollten Sie keinen zur Verfügung haben, können Sie die vergrößerten Schwarzweißbilder auch für ein Schattenspiel verwenden. Sie schneiden die Figuren aus, kleben sie auf einen Stab und halten sie hinter ein von einer Lampe angestrahltes weißes Bettuch. Hobbyfotografinnen können die Vorlagen einzeln ablichten und als Dia entwickeln lassen.

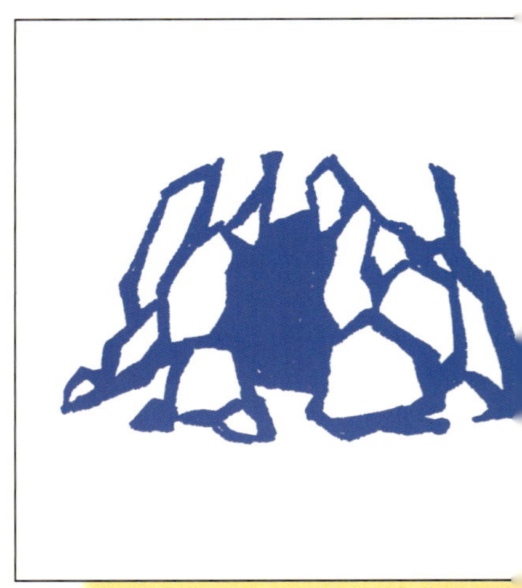

Kleines Piraten-ABC

Achtern = hinten
Achtersteven = hinterer Teil des Schiffes.
Backbord = linke Schiffsseite.
Barbaresken = muslimische Piraten, die im Auftrag der Sultane an der Berberküste Handelsschiffe überfielen.
Bug = vorderer Schiffsbereich
Brigantinen = kleine wendige Schiffe, die von den Bukaniern bevorzugt wurden.
Bukanier = westindische Seeräuber (17. Jahrhundert).
Drachenschiffe = wenige Segelschiffe der Wikinger.
Entern = ein Schiff überfallen.
Fliegender Holländer = brutaler Kapitän, der seine Mannschaft tyrannisierte.
Freibeuter = Piraten, die unter dem Schutz des Königs raubten.
Galionsfigur = meist weibliche Figur am Bug des Schiffes.
Glasen = halbstündiges Schlagen der Schiffsglocke.
Heck = hinterer Bereich des Schiffes.
Heuer = Lohn der Seefahrer.
Jacobsleiter = Strickleiter am Schiff.
Jacques = Julienne David. Piratin, die schon mit 15 Jahren angeheuert hat.
Kaperbrief = Freibrief des Königs mit Liste der Schiffe, die überfallen werden durften.
Kapern = ein Schiff rauben.
Kiel = unterster Teil des Schiffsrumpfes.
Klabautermann = Meereskobold, der Seeleuten üble Streiche spielt.
Koje = fest eingebauter Schlafplatz im Schiff.
Kombüse = Schiffsküche.
Korallenriff = Meereswall aus Tierskeletten.
Korsaren = französische Seeräuber aus dem Mittelmeerraum (16. Jahrhundert).
Landratte = Bezeichnung der Seefahrer für Menschen, die nicht zur See fahren.
Logbuch = Tagebuch der Seefahrer.
löschen = Ladung an Land bringen.
Moses = der jüngste Schiffsjunge.
Navigieren = ein Schiff führen.
Pier = Anlegestelle.
Rollo = berühmter und gefürchteter Wikinger.
Schätze = es wird vermutet, dass es weltweit über 3000 versunkene Schätze von gekenterten Schiffen gibt.
Seemannsgarn = Geschichten, die Seeleute erfinden.
Skorbut = schwere, durch Mangelernährung bedingte Krankheit.
Smutje = Schiffskoch.
Steuerbord = rechte Schiffsseite.
Störtebeker = Freibeuter, der im Auftrag der Hansestädte die Nord- und Ostsee unsicher machte.
Takelage = Sammelbezeichnung für alle Taue und Seile an Bord.
Tampen = ein kurzes Stück Tau.
Vitalienbrüder = Zusammenschluss von dänischen und schwedischen Freibeutern zu einer Gemeinschaft, die sich gegenseitig half.
Wikinger = skandinavisches Volk mit Sitz in Haitabu bei Schleswig, gehörten um 1000 n. Chr. zu den gefürchtetsten Piraten.
Zampel = Seesack der Matrosen.

Literatur

Piratenbücher für Kinder und Erwachsene

James Barrie: **Peter Pan,** Hamburg 1988.
Märchendrama von dem Jungen, der nicht groß werden will.

Baumann, Hans: **Die Barke der Brüder,** Stuttgart 1985.
Geschichten von Heinrich dem Seefahrer.

Daniel Defoe: **Umfassende Geschichte der Räubereien und Mordtaten der berüchtigten Piraten,** Frankfurt 1982.
Der eigentliche Klassiker der Seeräuberliteratur.

Bernhard Lassahn: **Das will ich wissen – Piraten,** Würzburg 1998.
Bildlexikon über die Seeräuber und ihre Zeit.

Pierre Marc: **Die Reisen des Kapitän Cook,** Zürich 1992.
Lebendig geschriebene Darstellung der Entdeckungsreisen von James Cook mit vielen Anmerkungen und Erläuterungen.

Robert L. Stevenson: **Die Schatzinsel,** München 1977.
Die aufregende Suche nach dem Schatz des Piratenkapitäns Flint.

Günther Sachse: **Die Meuterei auf der Bounty,** Gütersloh 1995.
Eine der unzähligen Nacherzählungen dieser wahren Geschichte, in der es um die Frage nach Gehorsam und Gerechtigkeit auf See geht.

Larsson, Björn: **Long John Silver,** Berlin 1996.
Der Schatzinselpirat erzählt aus seinem Leben.

Jack London: **Der Seewolf,** Zürich 1984.
Ein Schiffbrüchiger gerät auf das Schiff eines tyrannischen Kapitäns und wird zur Mitarbeit gezwungen.

Hermann Melville: **Moby Dick,** Frankfurt 1977.
Die faszinierende Geschichte von dem Zweikampf zwischen dem Riesenwal Moby Dick und seinem besessenen Verfolger, Kapitän Ahab.

Vorlesebücher

Wolfgang Slawski: **Kapitän Jona,** Nord Süd Verlag 1997.
Kapitän Jona ist unterwegs auf dem offenen Meer und hat ein Problem: er hat Heimweh. Aber bald erfindet er ein fantastisches Mittel gegen das Heimweh. Er erzählt Geschichten.

Frank Weymann: **Paul, der Seefahrer,** Stuttgart 1997.
Auf einer kleinen Insel im Meer, auf der eine Schar munterer grauer Vögel lebt, schlüpfen Peter und Paul aus dem Ei. Während Peter sein Leben genießt, sucht Paul nach einem bunten Leben, so bunt wie die Federn, die ab und zu an Land gespült werden.

Bilderbücher

James Mayhew: **Mirandas Insel,** Hildesheim 1997.
Miranda lebt allein auf einer Insel. Sie bewältigt ihr Leben dort großartig. Aber eines Tages spürt die sonst so starke Heldin des Buches Heimweh.

Oeser Wiebke: **Bertas Boote,** Verlag Peter Hammer 1997.
Berta erlebt einen aufregenden Nachmittag mit ihren selbstgebauten Booten, die von einem Riesenfisch verschlungen werden.

Fachbücher

Bernhard Schön: **Wild und verwegen übers Meer**, Münster 1997.
Ein Buch über Piraten und das Meer. Mit vielen Geschichten und Spielhinweisen.

Sabine Schneider/Winfried Kneip: **Piraten und Seefahrer,**
Verlag an der Ruhr, Mülheim 1997.
Ein Spiel- und Lernbuch über das Abenteuer Seefahrt für Schulkinder.

Christa Holtei, Kerstin Meyer: **Mit Piraten auf große Fahrt**, Luzern 1998.

Liederhefte

von Martin Lindmaier: **Leinen los, setzt die Segel.**
Martin Lindmaier: **Das Schaukelschiff.**
In beiden Heften gibt es neue und pfiffige Mitmachlieder nicht nur zum Thema Piraten, mit eingängigen Melodien zum Singen und Spielen. Zu beziehen bei Martin Lindmeier, Falkenstraße 110, 73035 Göppingen.

Kinderfilm

Rinnsteinpiraten (in Bildstellen zu entleihen)
16mm Real- und Trickfilm, Farbe, 11 Minuten, ab 5 Jahre.
Ein Kind sitzt im Rinnstein und faltet aus einem Blatt Papier ein Schiff. Plötzlich entern drei seltsame Gestalten den untergehenden Kahn und übernehmen das Kommando.

Museen mit Ausstellungen zum Thema

Ruhr Piraten, Thiesbürgerweg 25, 45145 Essen, Tel.: 0201/761408. Angebote für erlebnispädagogische Ausflüge.

Wikingermuseum Haitabu, Archäologisches Landesmuseum der Christian Albrecht Universität, Schloß Gottorf, 24837 Schleswig, Tel.: 04621/813300.

Deutsches Schifffahrtsmuseum, Hans-Scharoun-Platz 1, 27568 Bremerhafen, Tel.: 0471/482070.

Haus der Schiffergesellschaft, Breite Straße 2, 23552 Lübeck, Tel: 0451/72345.

Die nächsten Themen

Mai 2000	*»Hexen«*
Juli 2000	*»Herbst«*
September 2000	*»Weihnachten«*
November 2000	*»Berufe«*

Rückmeldungen

Liebe Leserinnen und Leser,

berichten Sie uns und allen LeserInnen von Ihren Erfahrungen mit dem Projekt »Wald«. Wie gut konnten Sie PeP bei Ihrer pädagogischen Arbeit einsetzen? Vielleicht haben Sie Ergänzungs- oder Verbesserungsvorschläge, Tipps und Tricks, von denen andere KollegInnen profitieren können. Dann schreiben Sie uns. In einer der nächsten Ausgaben können wir Ihre Rückmeldung an dieser Stelle abdrucken.

Vielen Dank
Die PeP-Redaktion

Service

Tangram-Rätsel

Ertüfteln Sie sich die Lösung

■ Wie setzen sich diese Tangram-Figuren zum Thema »Piraten« zusammen? Legen Sie die drei Figuren mit Ihrem Tangram, zeichnen Sie die Einzelteile auf einer Kopie dieser Seite ein und schicken Sie sie uns zu. Alle zwei Monate werden aus den Einsendungen drei GewinnerInnen gezogen, die ein attraktives Buchpaket aus dem Verlag Herder erhalten.

Schicken Sie Ihre Lösung an:
Verlag Herder, Redaktion PeP, D-79080 Freiburg

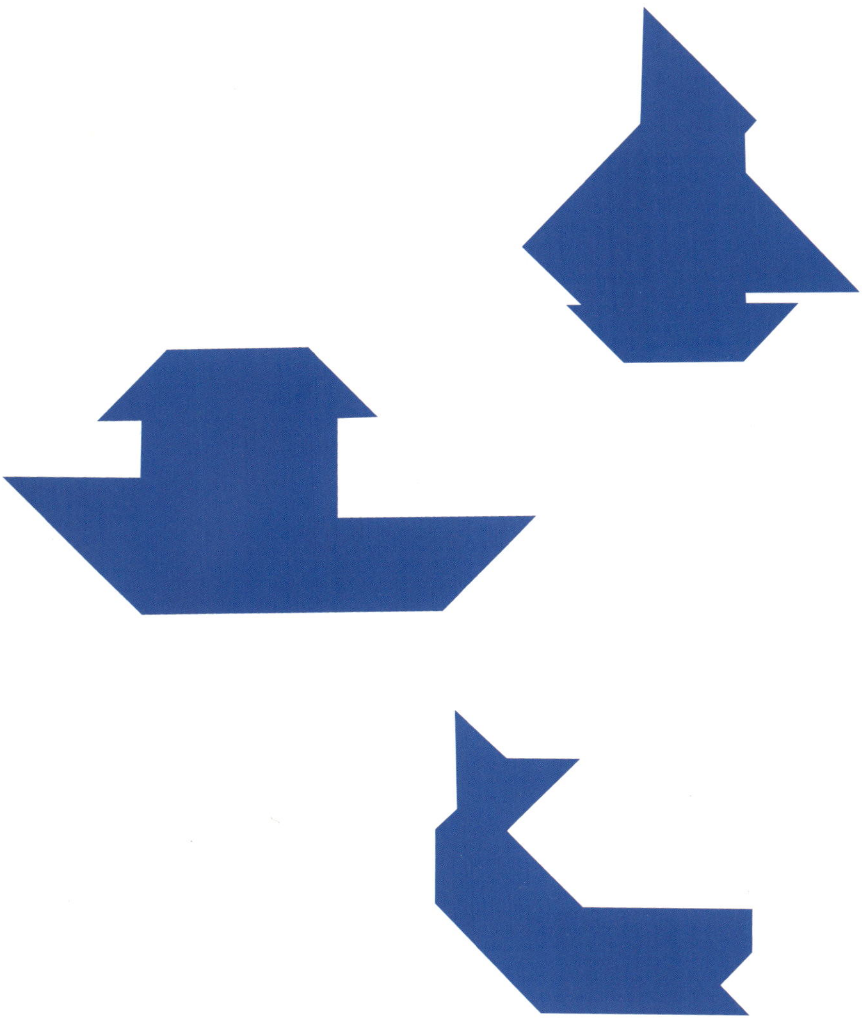

Die GewinnerInnen des letzten Herder-Buchpaketes sind:

- *Karola Sachse, Osterholz-Scharmbeck*
- *Waltraut Bodi, Bremen*
- *Kindergarten St. Antonius, Schwarzenbach*

PeP
Projekte entwickeln für die Praxis

Redaktion und Verlag
Verlag Herder
Hermann-Herder-Straße 4
79104 Freiburg i. Br.

Autorin dieser Mappe
Petra Brandt
Zum Gutshof 30
23847 Groß Weeden

Illustrationen
Unen Enkh
Michael Luz

Korrespondenz
Unverlangt eingesandte Manuskripte ohne Rückporto sowie Besprechungsexemplare werden nicht zurückgeschickt

Erscheinungsweise
jährlich 6 Ausgaben

Bezugspreise
jährlich im Abonnement DM 26,80 je Ausgabe
Einzelheft DM 29,80 je Ausgabe, alle Preise zzgl. Versandkosten

Produktion
Hampp Verlag
Schockenriedstraße 4
70565 Stuttgart

Satz und Gestaltung
Büro MAGENTA
Wolfgang Blüggel
Erbprinzenstraße 6
79098 Freiburg

Druck
Freiburger Graphische Betriebe
Bebelstraße 11
79108 Freiburg-Hochdorf

Papier
Gedruckt auf chlorfrei gebleichtem Papier

Ausgabe 3/2000
zum Thema »Hexen« wird ab dem 16.05.2000 ausgeliefert

Bestellungen
Verlag Herder
Frau Mary Pohlmann-Berndt
79080 Freiburg
Telefon 07 61 / 27 17 - 244
Fax 07 61 / 27 17 - 249

ISSN 1436-5383